Yo me amo, ¿Y TÚ?

FRANCISCO MIGUEL VEGA CASTELLANO

Yo me amo, ¿Y TÚ?

ERES LA ÚNICA PERSONA CON LA QUE CONVIVIRÁS EL RESTO DE TU EXISTENCIA. NADIE TE VA A AMAR MÁS QUE TÚ MISMO

SE ACOMPAÑA LIBRO DE EJERCICIOS

Título: Yo me amo ¿Y TÚ?
© 2017, Francisco Miguel Vega Castellano

De la edición y maquetación: 2017, Romeo Ediciones

Primera edición: septiembre de 2017

Impreso en España
ISBN-13: 978-84-947166-6-9

Todos los derechos reservados. No se permite la reproducción total o parcial de esta obra, ni su incorporación a un sistema informático ni su transmisión en cualquier forma o por cualquier medio, sea este electrónico, mecánico, por fotocopia, por grabación u otros métodos, sin el permiso previo y por escrito del autor. La infracción de los derechos mencionados puede ser constitutiva de delito contra la propiedad intelectual (Art. 270 y siguientes del Código Penal).

El copyright estimula la creatividad, defiende la diversidad en el ámbito de las ideas y el conocimiento, promueve la libre expresión y favorece una cultura viva. Gracias por comprar una edición autorizada de este libro y por respetar las leyes del copyright al no reproducir, escanear ni distribuir ninguna parte de esta obra por ningún medio sin permiso.

Nota a los lectores. Esta publicación contiene las opiniones e ideas de su autor. Su intención es ofrecer material útil e informativo sobre el tema tratado. Las estrategias señaladas en este libro pueden no ser apropiadas para todos los individuos y no se garantiza que produzca ningún resultado en particular. Este libro se vende bajo el supuesto de que ni el autor ni el editor, ni la imprenta se dedican a prestar asesoría o servicios profesionales legales, financieros, de contaduría, psicología u otros. El lector deberá consultar a un profesional capacitado antes de adoptar las sugerencias de este libro o sacar conclusiones de él. No se da ninguna garantía respecto a la precisión o integridad de la información o referencias incluidas aquí, y tanto el autor como el editor y la imprenta y todas las partes implicadas en el diseño de portada y distribución, niegan específicamente cualquier responsabilidad por obligaciones, pérdidas o riesgos, personales o de otro tipo, en que se incurra como consecuencia, directa o indirecta, del uso y aplicación de cualquier contenido del libro.

ÍNDICE

¡¡¡ALABANZAS LECTORES DE "YO ME AMO, ¿Y TÚ?"!!! 11
AGRADECIMIENTOS 17
PRÓLOGO DE LAIN GARCÍA CALVO 19
OBJETIVO DE ESTE LIBRO 23
¡¡¡MI HISTORIA PERSONAL DE SUPERACIÓN: DIGNA
DE UNO DE LOS MEJORES GUIONES EN HOLLYWOOD!!! 25
    PRIMER MAESTRO: INFANCIA INFELIZ Y DE 1ª PROGRAMACIÓN 32
    SEGUNDO MAESTRO: ETAPAS ADOLESCENCIA,
    JUVENIL Y DE PROGRAMACIÓN RELIGIOSA 34
    TERCER MAESTRO: ÁRBITRO DE FÚTBOL, PADRE Y DIVORCIO 38
    CUARTO MAESTRO: DE EMPRESARIO A
    VENDER BOLETOS EN LA CALLE 43
    QUINTO MAESTRO: PRINCIPIO DEL CAMBIO FIRME Y DEFINITIVO 54
    SEXTO MAESTRO: DE TOCAR FONDO A LA BENDICIÓN 56
    SÉPTIMO MAESTRO: MI MADRE Y LA SEÑAL DEFINITIVA 58

CAPÍTULO 1º: LA MENTE 65
    *¿QUÉ ES? 65
    *PROGRAMACIÓN MENTAL 72

CAPÍTULO 2: LA AUTOESTIMA 85
    *CONCEPTO DE AUTOESTIMA 89
    *FORMACIÓN 92
    *SÍNTOMAS 96

CAPÍTULO 3: SOLUCIÓN A LA BAJA AUTOESTIMA 103
- *RUTINA DIARIA 110
- 1ª HERRAMIENTA: TU ACTITUD AL DESPERTAR MARCA EL NUEVO DÍA 111
  - 1.1 Oraciones 111
  - 1.2 Meditación 112
- 2ª HERRAMIENTA: RECONOCE TUS PENSAMIENTOS DESTRUCTIVOS 118
- 3ª HERRAMIENTA: AGRADECE SIEMPRE Y ABSOLUTAMENTE TODO 127
- 4ª HERRAMIENTA: PERDÓNATE, PÍDELO Y CONCÉDESELO A TODOS 132
- 5ª HERRAMIENTA: FELICÍTATE POR LA TOTALIDAD DE TUS ÉXITOS 136
- 6ª HERRAMIENTA: SIÉNTETE BIEN CON LAS FRASES QUE ESCRIBES 140
- 7ª HERRAMIENTA: SIÉNTETE BIEN CON LO QUE TE DICES EN EL ESPEJO 146
- 8ª HERRAMIENTA: GRABA UN AUDIO CON TU VOZ Y SIÉNTETE BIEN ESCUCHÁNDOTE 149
- 9ª HERRAMIENTA: COLOCA EN UN CARTEL TODAS LAS FOTOS QUE TE HAGAN SENTIRTE BIEN AL VISUALIZARLAS 151
- 10º HERRAMIENTA: VISUALÍZATE DISFRUTANDO DE UNA ALTA AUTOESTIMA 152
- 11º HERRAMIENTA: ABRAZA A MENUDO 156
- 12º HERRAMIENTA: SONRÍE A MENUDO 160
- *CÓMO SABER SI LA SUPERASTE 164
- ¿QUÉ HACER TRAS HABER ELEVADO TU AUTOESTIMA? 170
- APÉNDICE: Frases para cumplimentar en la herramienta número 6 de rutina diaria (capítulo 3) 173

¡¡¡ALABANZAS LECTORES DE "YO ME AMO, ¿Y TÚ?"!!!

"Gracias por la fuerza que trasmites, a veces duro pero necesario para ver nuestra realidad. Lectura recomendable 100%".

Eme Tóth, autora de "Volver a creer".

«La obra de Francisco es una guía muy útil para lograr mejorar el concepto que cada uno tenemos de nosotros mismos. Su instinto de supervivencia y superación nos anima a reconocer nuestros errores y escoger el camino correcto que nos llevará a amarnos y a amar a los demás, sin juzgar, sin valorar, por el simple hecho de entregar lo mejor al resto del mundo».

Carmen Martínez Sánchez, autora de "Tu viaje hacia la LIBERTAD".

Este libro te sube la autoestima con una facilidad increíble. El entusiasmo y el amor que pone el autor en él no te dejan indiferente.

Laura Escribá, autora de "Sensaciones".

"Yo me amo, ¿y tú?", es un libro escrito con el lenguaje del alma, es puro corazón, emoción y nostalgia del pasado YA SUPERADO, que te trae al presente situaciones reales de tu vida. Conectas con la esencia del mensaje de forma sencilla y rápida. Francisco utiliza una palabra sensacional para ponerla de moda en el corazón de los humanos: PONE DE MODA EL AMOR.
Felicidades por tan hermoso mensaje para el mundo, gracias, gracias, gracias.
Me has tocado el alma".

Mónica Beltrán Pérez, autora de "SER FELIZ en el trabajo de tu vida".

Me ha impactado mucho la lectura de tu libro y me siento, identificada en algunos aspectos, tienes una gran historia de superación, te felicito por ello y te doy las gracias, por haberme permitido leer tu libro, es para mi, un honor y un placer, que lo hayas compartido conmigo.

María Dolores González Roda, autora de "Rompiendo patrones".

Francisco aporta en su libro, además de su alma, corazón y pasada vida, todo lo necesario para elevar la autoestima del lector a límites inimaginables, con una maestría digna de un ponderador de su altura. Gracias, gracias, gracias

Cristina Villalobos Rojo, autora de
"PERDER PARA ENCONTRAR"

"Siempre he pensado que todo empieza por uno mismo, aunque hay momentos en la vida que nos hace olvidarlo. Este libro precisamente, te hace recordar tu verdadera esencia y cuál es la verdadera prioridad que debes tener en la vida.

Maravillosa obra que sin duda recomendaré a todo aquel que lo necesite.

Jhonatan Rodríguez Ferreira, autor de el AMOR que TU DESEAS

"El amor es la fuerza más poderosa que existe, el máximo responsable de la belleza de la vida. Cuando hablamos de amor hacia los demás parece que no hay ningún tipo de problema pero la cosa se complica cuando hablamos de amarnos a nosotros mismos... En este libro, Francisco nos descubre por qué tenemos tantas resistencias a la hora de amarnos y cómo podemos empezar todo ese trabajo de amor y comprensión personal; un gran trabajo que cualquier persona debería realizar a lo largo de su vida... ¡Gracias Francisco por este magnífico regalo!"

Pilar Sanz Cervera, autora de ¡Adultos despiertos, niñ@s felices!

"Si quieres una autoestima en continuo ascenso, Francisco te la hará florecer desde tu interior, prosperando en todas las áreas de tu vida".

Miguel Ángel García Gutiérrez, autor de
"Cambia tus pensamientos y te cambiará la vida"

Francisco Miguel Vega autor de Yo me amo, y tu? te conduce a aumentar tu autoestima a través de ejercicios y herramientas como nunca había visto. Gracias a su libro muchas personas podrán aumentar su autoestima y vivir la vida en toda su plenitud. Auténticamente maravilloso.

Noemí Cuenca Quesada, autora de
"Alimenta tu cuerpo, nutre tu vida y consigue tu propósito"

"Felicidades francisco por tu gran obra maestra, en la que nos enseñas a mejorar nuestra relación con nosotros mismos, que como tu bien dices es la más importante de las relaciones; ya que vamos a convivir con nosotros el resto de nuestras vidas."

Lorea Pastor autora de "Tu corazon sabe el camino"

"Francisco ofrece en este libro todo el entusiasmo y la fuerza necesaria para superar grandes retos. Es un libro lleno de optimismo y vitalidad. Gracias Francisco por tu Luz, por tu sonrisa y por tu gran corazón"

Ángeles Abella, autora de ¿Y si TÚ fueras DIOS...?

Me atrajo el título, porque "YO ME AMO". El carisma y amor del autor te llevara a otra dimensión teniendo un subidón de adrenalina. Conectas de una forma sencilla, animándote a superar todas las barreras para conseguir AMARTE. Es sensacional como Francisco"

Carmen Sales Ramírez, autora de "Aliento de Vida"

«Francisco Vega invita a cumplir con esa segunda parte tan a menudo olvidada del «Amarás al prójimo... ¡COMO A TI MISMO!.» Te lleva a comprender que sólo desde el amor a uno mismo se puede aportar amor a los demás. ¡Gracias por estas sabias páginas!»

CARMEN CONDE CANENCIA, autora de
«La Gran Re-Evolución de los Alegres»

"YO ME AMO, ¿Y TÚ?" te hace sentir un ser valioso y merecedor de todo lo bueno de la vida, ¡¡¡te sube la autoestima por las nubes!!!
El autor pone su alma en cada palabra para ofrecerte soluciones que funcionaron para él, de manera que tú también puedas superar tus propios desafíos y obtener todo lo que deseas en la vida.

Recomiendo tener este libro muy cerca de ti y consultarlo siempre que lo necesites.
¡¡¡Gracias Francisco por tu entusiasmo y sabiduría!!!

Ainhoa Rodríguez Olmo, autora de EL DON DE LAS MUJERES

Francisco Miguel Vega Castellano

¡¡¡ TE AMO,,, FRANCISCO MIGUEL VEGA CASTELLANO!!!

AGRADECIMIENTOS

Primero que nada **agradezco infinitamente al Creador**, llámese Dios, Padre Universo, Mente infinica, etc. la etiqueta es lo de menos, lo importante es el sentimiento, por **el infinito gesto de amor de crearme**, regalarme el infinito valor de la vida y además, **ser bendecido con tres amados hijos**, fuente de gran inspiración.

También agradezco infinitamente al Creador, todos los escollos que situó en mi camino para que tomara consciencia en mi superación personal, encontrara mi propósito de vida y de esa forma, ayudar a muchos seres humanos a ascender a otros escalafones en su vida, hallando así mi plena realización personal.

¡¡¡**Amo al Creador y a mis hijos, Xiomara, Joel y David!!!**

A mis padres, Miguel (q.e.p.d.) y Edelmira, a los que les debo todo. Sin ellos mi concepción no hubiera sido posible y el haber llegado hasta aquí tampoco.

A todas aquellas circunstancias y personas, que desfilaron por mi vida y que fueron formidables maestros, que me enseñaron lo que debía aprender hasta llegar a mi realización personal.

Y de una manera especial a **Laín García Calvo**, último y determinante eslabón de una larga cadena de superación personal y artífice fundamental de que haya escrito este libro.

¡¡¡ TE AMO,,, FRANCISCO MIGUEL VEGA CASTELLANO!!!

PRÓLOGO DE LAIN GARCÍA CALVO

Cuando conocí a Francisco, lo primero que pensé es que era un hombre abierto, jovial, simpático, extrovertido, con don de gentes. Nunca me imaginé que detrás de aquella persona había una historia dura, difícil y en ocasiones injusta.

Pero sin duda, lo que más me sorprendió fue constatar como, a pesar del pasado difícil, eso no impidió a Francisco convertirse en quien es hoy.

Autoestima es el primer paso para cumplir nuestros sueños, y de esto él sabe. Porque cuando el amor no viene de fuera, tienes que generarlo dentro, pero cuando lo consigues, entonces el amor se expande más allá de ti y rellena todos los huecos de tu vida para siempre.

Francisco ha hecho un ejercicio enorme de generosidad al compartir contigo no sólo su experiencia de vida, sino también su aprendizaje y todas las herramientas que le ayudaron a amarse a sí mismo, que sin duda, harán que tú te ames a ti mismo también.

A través de un recorrido en el que primero, conectará con el lector a partir de su propia historia personal, pasando por sentar las bases de cómo funciona el Universo a nivel cuántico, y acompañándolo de ejercicios prácticos para terminar en una cantidad enorme de frases de otros autores que a él le han ayudado en su transformación, para empujar a que él (el lector) también tenga la suya.

Si este libro cayó en tus manos, sin duda significa que tiene algo que enseñarte. No existe la casualidad en el universo cuántico, todo llega a tu vida por una razón y en el momento perfecto, para darte las lecciones que te permitan seguir con tu evolución.

Aprovecha cada página y aplícala en todos y cada uno de los aspectos de tu vida. Es así como hacemos que las cosas cambien.

¡Por tu LIBERTAD!

LAIN

Autor del Best Seller LA VOZ DE TU ALMA

www.lavozdetualma.com

¡¡¡Ayúdame a que este manual pueda ayudar al mayor número de personas posible. Envíame, por favor, una foto donde aparezcas con el libro o con tu testimonio tras leerlo, que compartiré en todas mis redes sociales y web!!!

Puedes enviármela al email: franciscomvega@franciscomvega.com; o bien al número whatsapp: 658234019.

Así mismo, puedes seguirme en:

Youtube: Francisco Miguel Vega Castellano.
Facebook: Yo me amo, ¿y tú?, o en Francisco Miguel Vega Castellano.
Instagram: @franciscomvegacastellano
Web: http://www.franciscomvega.com/

¡¡¡ TE AMO,,, FRANCISCO MIGUEL VEGA CASTELLANO!!!

Francisco Miguel Vega Castellano

OBJETIVO DE ESTE LIBRO

¡¡¡Amado ser humano!!!

Bienvenido a este manual teórico-práctico de YO ME AMO, ¿Y TÚ?, con el que me he trazado como meta, alcances la mayor libertad y el

¡¡¡MÁXIMO NIVEL DE AUTOESTIMA!!!

En un principio, tomando consciencia de que todo lo que piensas de ti no te corresponde, porque fue algo impuesto, aprendido desde que naciste. Hasta que realmente sientas que la única verdad que te pertenece es que:

¡¡¡ERES UN SER HUMANO EXTRAORDINARIO, MUY VALIOSO Y

MERECEDOR DE LLEGAR A LO QUE CREAS CONVENIENTE EN LA VIDA!!!

Pasando por conceptos teóricos de qué es la autoestima y por qué es el punto de partida de cualquier objetivo en la vida.

Y finalmente, transformando tu baja autoestima en un alto nivel de autoestima a través de 12 prácticas herramientas que unidas, hacen de este método una novedad en el mercado. Pero siempre contando con tu esencial actitud enfocada, disciplinada y perseverante hasta el logro del objetivo marcado.

Así pues, nos vemos en las páginas interiores de YO ME AMO, ¿Y TÚ?

¡¡¡ TE AMO,,, FRANCISCO MIGUEL VEGA CASTELLANO!!!

¡¡¡MI HISTORIA PERSONAL DE SUPERACIÓN: DIGNA DE UNO DE LOS MEJORES GUIONES EN HOLLYWOOD!!!

¡¡¡Amado ser humano!!!
Antes de comenzar necesito aclararte algo muy importante. Éste no es un libro cualquiera. **No persigo solo vender. ¡¡¡Es mucho más!!!**

> **¡¡¡ESTE LIBRO LO ESCRIBÍ PARA TI, PORQUE TÚ ERES MI PROPÓSITO DE VIDA, TE AMO!!!**

He puesto toda mi alma en cada palabra que he escrito para **ayudarte a que te ames muchísimo, a que aumentes tu autoestima, porque por ahí comienza todo. Tu éxito en cualquier parcela de la vida será directamente proporcional a tu nivel de autoestima.**

Pero antes de aplicar con disciplina y constancia el método que te propongo, has de conocer qué es lo que ha ocurrido contigo. Conocerás todo ello en los capítulos siguientes.

¡¡¡Por ello, no me gustaría que lo leyeras una vez y lo abandonaras en la estantería!!!

¡¡¡Si aplicas este libro las veces necesarias, te aseguro que tu vida mejorará bastante!!!

> **¡¡¡TÚ NO ERES LO QUE PIENSAS, ESO FUE APRENDIDO. TÚ ERES UN SER MARAVILLOSO Y EXTRAORDINARIO, MERECEDOR DE LLEGAR A LO QUE CREAS EN LA VIDA!!!**

Más adelante te hablaré **por qué no eres quien piensas ser**. Ahora, en breve, te contaré mi historia personal de superación porque pienso te vas a ver identificado en alguno o varios de los casos que narro, inspirándote e impulsándote decisivamente a tu superación personal.

Si yo fui capaz de superar esos malos tragos, ¿tú por qué no vas a poder?

Deseo te motiven a superarte también. ¡¡¡Amo al ser humano y tú eres uno de ellos!!!

¡¡¡Pero recuerda,,, !!!

¡¡¡TODO COMIENZA POR TI MISMO!!!, comprendiéndote, reconociéndote, aceptándote, respetándote, valorándote, amándote...

Yo he recibido un excelente entrenamiento por parte de Dios, Padre, Señor, Universo, Inteligencia Infinita, Mente Infinita, Energía Suprema o como quieras etiquetarlo (en adelante el Creador), la etiqueta es lo de menos, para ahora poder transmitirte mi ayuda a que te quieras mucho más, a que te ames muchísimo, a que subas tu autoestima, porque por ahí comienza todo.

El Creador nos entrena a través de la experiencia, quitándote aquello que necesitas trabajar, porque **solo superando el sufrimiento de**

su ausencia, despertamos y crecemos; si no hay dolor no hay crecimiento. Nos conoce muy bien, ya que nos creó y sabe que solo cuando experimentamos el sentimiento de ausencia de algo surge el ardiente deseo de obtenerlo. Es la denominada **divina obsesión**.

> **Es cuando algo ya nos ha dolido lo suficiente que comenzamos a cuestionar nuestras creencias. DON DOLOR ES NUESTRO GRAN MAESTRO Y ALIADO. La vida no es algo que nos sucede, la vida es algo que sucede para nosotros. No es un castigo, es un aprendizaje.**
>
> **Si anulamos las experiencias desafiantes que nos ofrece la vida, cortamos el dolor y sin éste no hay nada que superar y entonces no aprendemos ni evolucionamos. Y la naturaleza del ser humano es la abundancia en todas las áreas de su vida.**

¿Me he explicado hasta aquí? Casos similares nos ha ocurrido muchas veces con nuestros padres o tutores. ¿Cuántas de sus actuaciones no entendíamos en un principio, sufrimos por ello y con el paso del tiempo fuimos conscientes que lo hicieron para enseñarnos? Pues así actúa nuestro Creador, como Padre perfecto que es.

La ciencia también lo reconoce a través de CARL JUNG, prestigioso psiquiatra de todos los tiempos, psicólogo y ensayista suizo del pasado siglo y una de las figuras del inicio del psicoanálisis, en una de sus célebres frases:

"NO ES POSIBLE DESPERTAR A LA CONCIENCIA SIN DOLOR. LA GENTE ES CAPAZ DE HACER CUALQUIER COSA, POR ABSURDA QUE PAREZCA, PARA EVITAR ENFRENTARSE A SU PROPIA ALMA. NADIE SE ILUMINA FANTASEANDO FIGURAS DE LUZ, SINO HACIENDO CONSCIENTE SU OSCURIDAD".

Al superarlo nos convertimos en un gran maestro y luego hemos de compartir ese aprendizaje de superación adquirido con la humanidad. **Pude transformar mi vida superando muchos desafíos desde mi infancia hasta el medio siglo de vida en que escribo estas páginas, por lo que conozco el duro camino que recorrí y puedo entonces ofrecerte las soluciones que funcionaron en mi.**

Luego, cuando estés arriba has de ayudar a subir al que está abajo y es así como se produce <u>el progreso que es a lo que hemos venido a este plano físico y lo que NUESTRA ALMA persigue, porque ella SABE EL CAMINO PERFECTAMENTE.</u>

Si este libro llegó a ti no fue por casualidad, <u>solo existe la causalidad: lo atrajiste, porque lo necesitas y entonces ya estás preparado para un cambio.</u>

TODO EL UNIVERSO ES ENERGÍA

¡¡¡Y EL PRINCIPIO DEL MENTALISMO Y LA LEY DE LA ATRACCIÓN OPERAN SIEMPRE!!!

También en los siguientes capítulos ahondaré en estos Principios y Ley, respectivamente, ya que es fundamental su conocimiento.

Entonces, <u>eres un ser especial, te lo mereces, hay un plan divino para ti, has de creerte merecedor de lo mejor en la vida, has venido a brillar, desplegando EL PODER QUE YA SE TE DIÓ y QUE ESTÁ DENTRO DE TI, pero,,,</u>

¡¡¡TU CAMBIO COMIENZA POR SER HUMILDE!!!
<u>para sintonizarlo y amándote.</u>

A esa HUMILDAD se refería mi amado Maestro Jesús en su capital frase:

> **BIENAVENTURADOS LOS HUMILDES,**
>
> **PORQUE DE ELLOS ES EL REINO DE LOS CIELOS**
> (Mateo 5:3)

Amado ser humano, esa vital frase la tergiversé durante muchos años. Confundí "humilde" con "pobreza económica". Pensaba entonces que "había que ser pobre para ir al cielo". Y es que en el lengüaje de la época "HUMILDE" se refería a los **humildes de espíritu o corazón y no a los pobres de riqueza material.**

Quiere decir que si somos capaces de tomar conciencia o cuestionarnos un problema, desafío o "llamado", como se escribe en la Biblia y reconociendo que somos los únicos responsables del mismo, automáticamente nos elevamos, interiorizamos y conectamos con el Creador, también llamado 5ª dimensión, mundo cuántico o Reino, propiamente dicho y desde donde nos llega la solución. Habremos comenzado con el proceso de iluminación.

**"EL SABIO ES EL QUE SE VENCE A SI MISMO;
EL IGNORANTE ES EL QUE ES VENCIDO POR SI MISMO"**

Además, forma parte de las Leyes que gobiernan al Cosmos y que como comenté, abordaremos en el capítulo correspondiente.

Este libro mete el dedo en la llaga, va directamente al grano, obteniendo el resultado final que persigues y te hace llegar al mismo de una forma clara, sencilla, amena con FÁCILES Y COMPLETOS EJERCICIOS DE RUTINA DIARIA.

Lo que deseas obtener en la vida es directamente proporcional a lo que te ames.

Lo que sientes por ti no variará al menos que hagas algo. No esperes llegue el momento perfecto. Jamás llegará porque tu mente, que te conoce muy bien, se encargará de postergarlo como ha hecho hasta ahora.

COGE ESTE MOMENTO Y HAZLO PERFECTO. Es el único que existe y se llama ¡¡¡AQUÍ Y AHORA. POR TU LIBERTAD TU CAMBIO EMPIEZA AHORA. ENAMÓRATE DE TI. LO MEJOR ESTÁ POR LLEGAR!!!

Si me sigues en las próximas páginas, te garantizo que te ayudaré a mejorar bastante la relación contigo mismo, **la única persona que con seguridad vas a convivir el resto de tu existencia.**

¡¡¡TE AMO,,, FRANCISCO MIGUEL VEGA CASTELLANO!!!

¡¡¡Ahora ya sí, comenzamos con mi historia personal de superación!!!

Y es que no está más alejado de la realidad el titular que reflejé al principio para identificar mi historia personal de superación, porque **perfectamente podría ser utilizada para un brillante guión en Hollywood.**

Como si de una señal se tratara, por aquello del "sagrado número 7", resulta que quedan claramente diferenciadas 7 partes y que llamé **"los 7 maestros de mi vida",** porque fueron los que me marcaron.

Los enumeraré según el orden en el tiempo que fueron manifestándose en mi vida y haciendo mención al título que mejor los describe.

¡¡¡ TE AMO,,, FRANCISCO MIGUEL VEGA CASTELLANO!!!

PRIMER MAESTRO: INFANCIA INFELIZ Y DE 1ª PROGRAMACIÓN.

Nací un 04 de Julio, fecha histórica no solo por ser la de mi llegada a este mundo, sino porque también se conmemora la independencia de los Estados Unidos, aunque de diferente año. El mío es 1967 y el lugar, Santa María de Guía, municipio al noroeste de la isla de Gran Canaria (Canarias, España).

Recuerdo que **viví una infancia llena de episodios traumáticos**. Soy el mayor de tres hermanos y recuerdo que <u>predominaban la tensión y el nerviosismo. Mis padres no se llevaban nada bien, todo lo contrario. Eran constantes los insultos y otros malos tratos, sin llegar a la agresión, que sobretodo mi padre (q.e.p.d.) profería a mi madre.</u>

Sufrí mucho con ello, amado ser humano. Ella se ocupaba de sus labores, era una gran ama de casa, a parte de **gran madre**. Agüantaba el chaparrón como podía para proteger a sus tres hijos. Nos cuidó muy bien. <u>Me confesó que todo lo hizo por nosotros, sus hijos</u> y que a veces le asaltaban pensamientos de "irse de este mundo y que varias veces durmió con un cuchillo debajo de la almohada por temor a mi padre".

Pero no se planteaba la separación, porque la única fuente de ingresos de la unidad familiar era mi padre, aunque la economía familiar fuese precaria. Mi padre tenía buena cabeza para los negocios pero despilfarraba el dinero en vicios y los agobios económicos aumentaba considerablemente el mal clima en casa.

¡¡¡El sistema de creencias de mis padres fue aprendido y no le permitían plantearse otras metas. Fueron víctimas de víctimas!!!

Amado ser humano, como explicaré en el capítulo correspondiente:

> ¡¡¡NO ESTAMOS DESTINADOS,,,
> FUIMOS PROGRAMADOS!!!
> Laín García Calvo

Mi madre, a la que le debo todo, fue víctima de otras víctimas. **Su baja autoestima también fue aprendida o programada**. Ese clima total formado hizo que recibiera mensajes negativos, así como varias palizas de ella. Pero era su creencia de cómo entendía debía ser educado.

Emociones negativas como la culpa, rabia, cólera, ira, rencor, resentimiento, inseguridad, temor, nerviosismo, etc., **se apoderaron de mi**. Me costó mucho, pero poco a poco fui eliminando esas formas de baja autoestima.

¿ME HAGO EXPLICAR, AMADO SER HUMANO, POR QUÉ PUEDO RECONOCERTE Y AYUDARTE?

SEGUNDO MAESTRO: ETAPAS ADOLESCENCIA, JUVENIL Y DE PROGRAMACIÓN RELIGIOSA.

Mi madre me obligaba asistir al culto religioso o misa cada fin de semana, enviando incluso a mi padre a que vigilara que yo cumplía. También realicé los sacramentos cristianos de primera comunión y confirmación obligados por ella.

Con toda su buena fe, porque toda madre quiere lo mejor para su hijo, **me programó con la religión católica y lo que ello conllevaba**. Tardé muchos años en cuestionarme ese tema religioso que hacía mella en mi y finalmente tomé consciencia.

La iglesia sustenta su poderío gracias a la religión, como un conjunto de dogmas y normas que basándose en el miedo, el castigo y relacionándola con Jesús, tiene como finalidad limitar y manipular las mentes, donde todo comienza, de los seres humanos y así mantenerlos anclados al sistema, sin forma posible de superación o crecimiento personal.

Solo hay que reconocer a los Cristos crucificados que nos expone la iglesia, sabedora del impacto emocional que tiene procedente del importante sentido visual. <u>El Maestro Jesús no perteneció a ninguna religión y menos aún fundó iglesia alguna. En todo caso, la religión que fomentaba era la del "amor".</u>

Desde siempre **existió y existirá una unión con el Creador, a través de nuestra Alma y al igual que existe una unión entre todas las Almas, porque ¡¡¡todos somos uno!!!**

<u>Esa es la verdadera conexión. Por lo tanto, no es necesaria buscarla a través de ninguna religión.</u>

¿Y sabes, amado ser humano, de qué estaba convencido durante una buena etapa de mi vida?: que debía ser pobre, por lo tanto el progreso no lo sentía, que el Creador tampoco me quería, que era alguien deseoso de castigarme, que yo era algo separado de Él y que a la vida se venía a sufrir. Todo ello me hacía sentir muy triste.

Y evidentemente, todo ello partía del sistema de creencias o programación religioso impuesto. Sumido en mi trance hipnótico no era consciente, ni a dónde me llevaba. No estaba durmiendo. ¡¡¡Estaba roncando!!!

> **¡¡¡HEMOS SIDO CREADOS A LA IMAGEN Y SEMEJANZA DEL CREADOR Y POR ELLO NOS AMA, NOS ILUMINA LOS CAMINOS Y SIEMPRE ESTÁ DESEANDO CONCEDERNOS FAVORES!!!**

El aspecto religioso se esconde debajo de una baja autoestima y fue otro desafío o maestro que gracias al dolor que me causó, pude también superar y por ello lo agradezco tremendamente.

De hecho, los padres de mi madre, mis abuelos maternos, así como dos tías, hermanas de mi madre, murieron de cáncer o a la larga como consecuencia de haberlos padecido, enfermedad maligna que como **el 99 por ciento de las enfermedades se originan en la mente y específicamente aquí, en la baja autoestima.**

Y todo eso lo vivía yo en carne y huesos. Lo veía, escuchaba y sentía. Mi madre, afortunadamente superó un cáncer de mamas y en el momento en que escribo estas páginas se debate en un estado terminal de Alzheimer, prima hermana de la otra enfermedad maligna antes citada, cáncer, y también derivada de la **baja autoestima.**

Jamás tuve una acaricia por parte de mi progenitor, dudo de si algún beso y mucho menos un "te quiero", pero sí muchos "no sirves". Ni tan siquiera existía un mínimo diálogo y los saludos eran los necesarios. **Llegué a temerle a mi padre.**

Recuerdo que muchas veces me encantaba refugiarme en la casa de mis abuelos maternos, que me dispensaban el calor que faltaba en casa. Mi madre hacía las veces de padre, aunque limitada por la situación.

Por supuesto, nunca celebramos un cumpleaños de miembros de la familia, ni tan siquiera una salida a comer fuera y mucho menos un viaje. Eso sí, nunca me faltó un plato de comida, una casa decente donde vivir, ropa que vestir y zapatos que calzar, libros y material para estudiar. Lo necesario y punto.

Tampoco el ambiente que me rodeaba, resto de familia, amigos, profesores, compañeros de estudios y resto de sociedad invitaban a contrarrestar lo que ya se había fraguado decisivamente años atrás en mi, lo que pensaba acerca de mi mismo.

¡¡¡Ya era tarde...!!!

¡¡¡HABÍA SIDO PROGRAMADO EN LA BAJA AUTOESTIMA!!!

Amado ser humano, si mis palabras te resuenan en parte significa que más o menos pasaste por mis experiencias y estamos en camino de subsanarlo más adelante, en los capítulos pertinentes. No quiero caer pesado, ni mucho menos.

Pero es muy importante te involucres en el proceso y seas consciente de que situaciones similares a las mías pueden ir aflorando en ti y de cara a que vayas reconociéndolas para más adelante sanarlas en los ejercicios correspondientes.

Hablando de estudios, comencé estudiando EGB (Educación General Básica) y que por aquel entonces se denominaba al plan de estudios vigente de la enseñanza obligatoria pública para niños hasta unos 12-13 años y que finalizaba en el 8º grado o curso.

En esa etapa fui muy buen estudiante y con muy buen expediente. También recuerdo como me llamaban el "payaso" de la clase, porque gozaba alegrando al resto con mis intervenciones. Era un preludio del presente.

Mientras cursaba el 7º curso, los profesores mostraban orgullosos los resultados de mis buenos exámenes, además de la caligrafía y ortografía exhibidas, a otros alumnos del curso superior, para motivar a aquéllos.

<u>Ahora soy consciente de que ello también fue una premonición de una de mis ocupaciones presentes dentro del terreno del crecimiento personal, como es escribir libros.</u>

Posteriormente terminé Bachiller, a continuación el extinto COU (curso de orientación universitaria) y F.P. 2º grado en la rama de contabilidad.

Francisco Miguel Vega Castellano

TERCER MAESTRO: ÁRBITRO DE FÚTBOL, PADRE Y DIVORCIO.

Con 17 añitos me convertí en algo que me marcó para siempre: árbitro de fútbol. Me apasionaba el fútbol. <u>Desarrollé oficialmente el arbitraje durante 24 temporadas (dos en excedencia).</u>

Comencé mi andadura como árbitro, recorriendo las categorías del fútbol regional y luego ya como árbitro asistente milité varias temporadas en Tercera División Nacional, cuatro en Segunda División "B" y dos en la 2ª División A. La exigencia de esta última categoría subió mis estándares, haciéndome más fuerte mentalmente. <u>Seguía creciendo.</u>

En esa etapa de mi vida, **el Creador me dotó de herramientas poderosas que más adelante debía utilizar para llevar al mundo este mensaje de luz**: el no escuchar voces ajenas, a adquirir personalidad, honestidad, ser imparcial, valiente, gestionando miedos, centrarme en el momento presente, espíritu de sacrificio, disciplina, vincular mi vida al deporte del que se deriva la energía positiva, salud, vitalidad, establecer muchas relaciones y conocer otras culturas, al viajar por buena parte de la geografía española.

Piensa, amado ser humano, que como árbitro de fútbol, todos te van a intentar influenciar para que tomes decisiones que favorezcan a los intereses de sus equipos respectivos: público, jugadores de campo, banquillos, medios informativos, etc. **Me sentía solo.**

Casi sin saberlo fui impulsado a buscar una salida a mi baja autoestima con la que fui programado, por lo que **alrededor de los 18 años comencé a leer metafísica y otros libros de superación y crecimien-**

to personal (aunque desde años atrás acudía a leer la prensa a una tienda cercana). **Mi gusto por la lectura y en especial del crecimiento personal fue vital en mi vida y en la tuya, amado ser humano. Fue el inicio de todo.**

¡¡¡TODO EMPIEZA Y ACABA EN LA MENTE!!!

Lo veremos más detenidamente en el capítulo correspondiente...

Finalicé el extinto servicio militar obligatorio a la edad de 21 años. Comencé a trabajar por cuenta ajena hasta el 2001 y mi andadura profesional por varias empresas estuvo siempre ligada a la administración y contabilidad.

El paso por todas ellas fue efímero, excepto la última, con experiencias dolorosas debidas a mi programación de entonces, pero que me hacían crecer y me ayudaban en mi destino, pero que en su momento no fui consciente.

Por su importancia, debido a mi juventud, comentar que ya avanzada la segunda década de mi vida, abandoné momentáneamente el nido en mi isla natal, Gran Canaria, para trabajar en otra isla y por un espacio de séis meses.

Contraje matrimonio el 19/12/1992. Fue un paso importante. Continuaba en la línea de la reprogramación. Un salto al vacío, **porque me iba del nido sin tener una relación laboral estable**, un molde social. Los beneficios de los conocimientos adquiridos del crecimiento personal hacían su aparición.

¡¡¡Pero confiaba mucho en mi!!!

Y aunque mi ex-suegro q.e.p.d. (¡¡¡Tato, bendito seas!!!), al que le debo muchísimo, nos ofrecía una casa independiente a la suya, en un principio preferimos vivir nuestra experiencia de forma aislada. Más tarde, nos inclinamos por la que nos había ofrecido y que nos regaló. Allí viví junto a mi familia unos 6 años. También merece ser resaltada su esposa Carmita,,, ¡¡¡gracias, gracias, gracias por tanto!!!

La mujer con la que contraje matrimonio, **Carmen Isabel, me regaló tres infinitas alegrías en mi vida.** No podían ser otras que los tres hijos con los que fui bendecido. Les di las bienvenidas a este plano físico, no sin antes cortarles sus respectivos cordones umbilicales:

> **Xiomara (14/01/1994), Joel (24/04/1996) y David Jesús (22/06/2001)**

¡¡¡Gracias Gracias Gracias Carmen Isabel, por tantas bendiciones!!!

Debido a que me afectó muchísimo el abandono emocional que sufrí de mis padres, antes de ser padre, comencé a leer libros de educación para hijos.

Además, era muy autoconsciente de mis actos con ellos, sabiendo su repercusión. Las veces que podía les decía "lo importante que eran, que eran seres maravillosos, que los amaba, etc. etc.". Medía al milímetro mis palabras y actos con ellos.

Los abrazaba, acariciaba, les daba besos, jugaba con ellos, les reforzaba positiva y constantemente, les llevaba de paseo, celebrábamos sus cumpleaños, nos íbamos de viaje, etc.

Mi padre fallecía en 1996, unos meses después del nacimiento de mi hijo Joel y víctima de enfermedades, producto de una vida desorde-

nada, iniciada, como todo, en la mente. <u>Su baja autoestima, fundamentalmente, aceleró ese desenlace con tan solo 58 años.</u>

<u>En tal relación matrimonial repetí patrones de conducta aprendidos de la relación entre mis padres. Nos divorciamos</u> en Abril 2007. Por el bien de mis hijos siempre, aún pequeños, acordamos que la custodia la tuviese su madre, mientras que yo compartiría con ellos cada dos fines de semana.

**¡¡¡Amado ser humano,
fue durísimo la separación de mis hijos.
Sufrí y lloré muchísimo. Me separaba físicamente de lo que más amo en el mundo!!!**

"Un campesino, que luchaba con muchas dificultades, poseía algunos caballos para que lo ayudaran en los trabajos de su pequeña hacienda. Un día, su capataz le trajo la noticia de que uno de los caballos había caído en un viejo pozo abandonado. El pozo era muy profundo y sería extremadamente difícil sacar el caballo de allí.

El campesino fue rápidamente hasta el lugar del accidente y evaluó la situación, asegurándose que el animal no se había lastimado. Pero, por la dificultad y el alto precio para sacarlo del fondo del pozo, creyó que no valía la pena invertir en la operación de rescate.

Tomó entonces una difícil decisión. Determinó que el capataz sacrificase al animal tirando tierra en el pozo hasta enterrarlo, allí mismo. Y así se hizo. Los empleados, comandados por el capataz, comenzaron a lanzar tierra dentro del pozo de tal forma que cubrieran al caballo. Pero a medida que la tierra caía sobre el animal, éste se la sacudía, acumulándose en el fondo y lo que posibilitaba al caballo su subida.

Los hombres se dieron cuenta que el caballo no se dejaba enterrar, sino al contrario, estaba subiendo hasta que finalmente consiguió salir"

Esta leyenda nos enseña que si estamos "allá abajo", sintiéndonos poco valorados, y los otros nos lanzan la tierra de la incomprensión, de la falta de oportunidad y de apoyo, etc., hemos de recordar el caballo de esta historia.

No aceptemos la tierra que nos tiraron, nos la sacudimos y aprovechamos para subir sobre ella. Y cuanto más nos tiren, más iremos subiendo, subiendo y subiendo. Si nos hemos caído, lo más importante es levantarnos; siempre valemos lo mismo para el Creador y nada, ni nadie, nos puede quitar ese valor.

Esta historia y otras, así como la lectura y varias herramientas de autoayuda y superación, que en su apartado te mostraré, me ayudaron muchísimo.

¡¡¡ TE AMO,,, FRANCISCO MIGUEL VEGA CASTELLANO!!!

CUARTO MAESTRO: DE EMPRESARIO A VENDER BOLETOS EN LA CALLE.

La relación laboral con la última empresa para la que trabajé fue de casi 7 años ininterrumpidos, tras los cuales **y a pesar de que, obviamente, me vinculaba un contrato indefinido, solicité baja voluntaria para emprender por cuenta propia. Hasta el momento me encontraba en una "cómoda incomodidad".**

Ya algo diferente se movía dentro de mi. Seguía, aunque lentamente, reprogramándome. **Me iba hacia la zona de inseguridad, de inconfort**, no sin antes haberme formado en varios cursos, continuar con las lecturas, todo ello de crecimiento interior y haber recibido multitud de clases de yoga, meditación y relajación.

Amado ser humano, voy a hacer un poco de hincapié en **el yoga**, porque **fue una disciplina que también me ayudó muchísimo en mi transformación personal**, a mirar hacia mi interior, a conectar conmigo mismo y con la paz, el mayor sentimiento que puede sentir un ser humano. Dado su gran beneficio, sobre todo la meditación, luego ahondaré en el capítulo de rutina diaria.

Yoga significa unión cuerpo-mente, y es una de las disciplinas más antigüas que se conocen, data de hace unos 5000 años y procede de India. Tal es su importancia que varios autores destacan escritos en India y Tíbet que apoyan la creencia de que el Maestro Jesús practicó yoga durante su permanencia en India.

Tanto **el yoga, como la respiración, meditación y relajación son despertadores mentales.**

Recuerdo que con motivo de una visita de monjes tibetanos al Centro donde practicaba ese arte, uno de ellos me comentó que en una vida pasada yo había sido una mujer india, lo cual explica mi amor por el crecimiento personal.

Con ese trabajo interior, indudablemente algo nuevo se había forjado en mi.

<u>Mi consciencia se expandía. Comprendí que si no me ponía incómodo no iba a progresar. Deseaba atraer abundancia a todas las áreas de mi vida y la única forma era independizarme laboralmente. Una de dos: o yo luchaba por mis sueños o alguien me iba a pagar para que trabajara por los de él.</u>

Así, **en Junio 2001 quemé todos mis barcos para que no existiera posibilidad de regreso, como hasta el momento así ha sucedido.**

Emprendí varios negocios a través de Sociedades que fundé. La primera de ellas dentro del sector de la construcción e inmobiliaria, en auge en aquel momento. No **tenía** ni idea donde me metía, pero sí,,,

¡¡¡ muchas ganas de triunfar!!!

Recuerdo que firmé la escritura de constitución ante notario delante de la madre de mis hijos embarazada de mi tercer hijo, David y en presencia de los otros dos, Xiomara y Joel.

En un principio todo fue muy bien. La sociedad que representaba promovió construyó y vendió 5 edificios, de entre 8 y 12 viviendas (uno de los cuales denominé con el nombre de mi madre y el otro con el de mi padre, que había fallecido), construyó un chalet a un tercero, realizó algunas reformas y vendió como intermediaria varias propiedades que gestionaba. Todo ello en unos 6 años. **Tenía todo, pero a la vez me sentía sin nada, o sea, vacío. Estaba dormido amado ser**

humano. ¡¡¡O mejor, lo siguiente!!!

Pero **ahí esta siempre el Creador con su llamado, para despertarnos**, como siempre a través de **Don Dolor** y como he comentado páginas atrás. **Fue en el 2007, al hacerse patente la crisis económica.** Como consecuencia de ella y al no poder vender lo que construyó y gestionaba de inmobiliaria, **su liquidez se asfixió**, no pudiendo hacer frente a hipotecas y varias entidades financieras ejecutaron dos pisos que vendía.

Más adelante lo intenté de nuevo a través de otra sociedad que fundé con capital no dinerario. Esta vez, regentando en alquiler un restaurante en el sur de la isla. En medio, **una entidad financiera ejecutaba mi casa y donde la madre de mis hijos vivía con ellos** al no poder hacer frente a la hipoteca.

El negocio no era nada boyante y antes de los dos años de su apertura me las ingenié para traspasarlo en alquiler a través de una figura denominada "cesión del fondo de comercio". ¡¡¡Parecía que veía algo de luz al final del túnel, pero solo fue un espejismo!!! Y es que,,,

Otro hecho escalofriante acaeció **el 11 de Julio de 2010.** Fecha bien recordada para los amantes españoles del balompié. Se disputaba en Sudáfrica la final del mundial de fútbol y que enfrentaban a las selecciones de España y Holanda. Tenía ahorrados 14 mil y pico euros y se me ocurrió una "brillante" idea.

Realicé una apuesta en una de las casas que operaban en el mercado nacional, consistente en que España ganaba mencionado evento y por un importe de 13 mil euros. Estaba seguro. Y ganó. Pero en la prórroga. Me equivoqué, porque había apostado que España ganaba dentro de los 90 minutos de juego.

No me apercibí de la especificidad de la apuesta y **perdí esos 13 mil benditos euros apostados. Enseñanza: hay que controlar las emociones y ser autoconsciente con los actos y mucho más cuando por medio está un bien vital como es el dinero y la envergadura del acto.

¡¡¡Unos días groggy y a la carga de nuevo!!!

A continuación estuve vinculado como comercial a varias empresas, generando ingresos como comisionista, aunque por corto tiempo en cada una de ellas.

Eso me obligó a no ver a mis hijos ni tan siquiera los fines de semana.

Durante los veranos ideé desarrollar campus de fútbol para niños y niñas. Llevé a cabo 5 y el 6º (el de la "bendición", que ya luego detallo), aunque salió, no lo comencé.

Jugadores prestigiosos que invitaba como los internacionales Juan Carlos Valerón y Manuel Pablo, así como Jonathan Viera, Momo, Aythami Artiles y Nauzet Alemán, entre otros, hicieron las delicias de los chavales.

<u>Como no disponía de medios para pagar alquiler</u> **no me quedó otro remedio que vivir en pisos compartidos con otras personas, más económicos.** La única intimidad era mi dormitorio. El resto de dependencias eran zonas comunes.

Prefería "sufrir" con algo "inseguro" como por ejemplo ganar dinero de comisiones por ventas, que trabajar por cuenta ajena supeditado a un horario, jefe y con un sueldo bajo y constante, entre otros.
Eso lo sentía como una marcha atrás y pobre. Deseaba **sentirme libre**.

> **LA LIBERTAD ES EL DON MÁS PRECIADO DEL SER HUMANO, PERO TODO EN LA VIDA TIENE SU PRECIO**

Así que comencé y **me dediqué por un periodo de más de 6 años a la venta de boletos como medio de recaudación de dinero para una ONG, donde entraba en juego un sorteo y donde percibía una comisión por venta de boletos.**

¡¡¡Había pasado de gestionar más de un millón de euros a unos 12 mil anuales!!!

¡¡¡Amado ser humano!!!

¿has experimentado alguna vez, la venta a comisión en la calle de boletos o también llamados vulgarmente "números"?;

¿lo que se "sufre" con las contestaciones a través de palabras malsonantes o gestos de personas a las que se los ofreces y otros que te evitan de muchas formas, incluso llegando a ignorarte?;

¿o peor aún: que te desprecien, se burlen de ti, te humillen, ridiculizen o se rían en tu cara dándote céntimos?;

¿que tengas que "competir" con el que canta, toca el alcordeón, la guitarra u otros instrumentos musicales y que además se metan contigo?;

¿ofrecerlos a parejas que veías disfrutar de una comida o en días festivos?;

¿teniendo que recorrer un mínimo de cuatro kilómetros y estar constantemente de pie diarios?;

¿que transcurran las horas y no hayas logrado vender y te desesperes?;

¿muchos días vendiendo hasta las 12 de la noche para poder llegar a tu objetivo de venta diaria?;

Y ¿dedicado durante un periodo de tiempo de semanas, meses, incluso años?...

Pues, <u>prácticamente a diario desempeñé esa labor.</u> **Para mi no existían los días festivos, todos los días eran laborales.** Aunque podía caer enfermo, no debía, porque **si no salía a vender no generaba dinero.** Pero **la fuerza del amor por mi y mis hijos me impedían rendirme.**

Necesitaba generar esos ingresos para cubrir por lo menos mis gastos elementales y los de ellos. Siempre cumplí, aunque alguna que otra vez me retrasaba en pagos. Y es por eso, por lo que escribí las palabras "sufrir" y "sufre" entre comillas.

> **¡¡¡TAMPOCO TÚ, AMADO SER HUMANO,
> VAS A RENDIRTE JAMÁS Y
> RENUNCIAR AL AMOR POR TI Y LOS TUYOS!!!**

Cuando comencé con la venta tuve vergüenza de ofrecerlos, por el qué dirían los demás. Era **miedo** disfrazado. **El miedo es una emoción muy arcaica y el arma más poderosa que utiliza la mente en cuanto intentamos escapar de su dominio.** Un instinto de supervivencia heredado de generaciones muy remotas, que por lo tanto no desaparece totalmente, pero sí es gestionable.

La mente es un mecanismo automático que en un principio está **hecha para protegernos y "nos domina" a través de una zona de confort, sistema de creencias o programación que crea**, con la intención que al poder conocerla, entonces también podrá dominarla.

Me escondía de personas que conocía hasta que fui tomando consciencia de la situación, gestionando mis miedos y sobre todo cuando los por qué eran muy poderosos, los cómo se hicieron mucho más fáciles.

Y los míos estaban muy claros: si no hacía caja con la venta de los boletos, los gastos elementales míos y los de mis hijos estaban en peligro y no tenía otra fórmula de ingresos. ¡¡¡Había que vender los boletos sí o sí!!!

Recuerdo que animarme constantemente con frases como: **"Francisco, lo más importante es lo que tú pienses de ti mismo y no lo que**

los demás piensen de ti". También me reforcé mentalmente con algo que había olvidado: cuando imponía mi autoridad como árbitro de fútbol y delante de miles de personas.

Y, entonces, **amado ser humano, REAPRENDÍ** que hemos de,,,

> ¡¡¡CONVENCER A LA MENTE Y NO A LA GENTE!!!
> Laín García Calvo

Con esa consigna, poco a poco lo conseguía. Pero era solo el comienzo y me iba a enriquecer mucho más, sin saberlo.

La faena era muy dura y obligado por la imperiosa necesidad de vender tenía que lidiar antes de nada conmigo y luego con el público, responsables de negocios, clima y personal seguridad de centros comerciales, entre los más importantes.

Eso hacía que alimentara con mi sonrisa, alegría, entusiasmo y energía positiva a todos los que me rodeaban y me permitía el lujo además de suministrar ánimos y otros consejos a los potenciales clientes.

Amado ser humano, por la cuenta que me traía, aprendí rápido que con la queja no iba a generar dinero, porque así no se vendían los boletos, no valía de nada, no era la solución y que por lo tanto:

> ¡¡¡ENFOCARSE EN LA QUEJA TRAE POBREZA,
> EN LA GRATITUD ATRAE RIQUEZA
> Y EL CAMBIO DE ENFOQUE PROCEDE DE LA
> ACTITUD MENTAL!!!

Bendecía a las personas y sus familias cada vez que participaban con la compra de boletos y ese hecho hacía que sus ojos brillasen de satisfacción,¡¡¡como si nadie se lo hubiese dicho en su vida!!!

Les reconfortaba tremendamente y mi satisfacción era inmensa también, sabiendo que no solo había hecho sentir bien a las personas con sus aportaciones, sino que además conseguía que en un futuro recibieran contraprestaciones por el hecho de haber dado primero.

También al dedicarme a la venta de boletos no competía con un puesto de trabajo por cuenta ajena, pudiéndolo ocupar otro ser humano, promocionaba la solidaridad y movía la economía al hacer circular el dinero que recibía de la venta. Todo ello hizo me conectara mucho más con mi propósito de vida.

> ¡¡¡No sospechaba que ese nuevo maestro en mi vida iba a ser tan crucial!!!
>
> ¡¡¡Primero, porque,,,
> ME CREÓ NUEVOS HÁBITOS!!!
>
> Porque me enfocó y despertó valores muy importantes, que repetía reiteradamente, tales como la humildad, la compasión, el perdón, la tolerancia, la generosidad, la gratitud, la constancia y la disciplina y me llevó a estados emocionales altos como la paz, la autoestima, la fe, la actitud positiva, el entusiasmo, la alegría, el equilibrio, la armonía, la empatía, la sonrisa, la agradabilidad, la decisión, el coraje y la valentía.

¡¡¡Y LLEGADO HASTA AQUÍ QUERÍA PUNTUALIZAR
ALGO MUY IMPORTANTE,,,!!!

¡¡¡ME APERCIBÍ QUE CUANTO MÁS HABÍA SUBIDO MI NIVEL DE AUTOESTIMA, MÁS VENDÍA!!!

Los hábitos se heredan, pero también se cambian. De hecho te acabo de demostrar cómo fui cambiando gradualmente la programación muy diferente que traía desde mi infancia. Los nuevos hábitos se adquieren con entrenamiento.

El gran Aristóteles decía: "somos criaturas de hábitos"

¡¡¡Por ello y con el método que te propongo más adelante!!!

> **¡¡¡TÚ TAMBIÉN, AMADO SER HUMANO, CAMBIARÁS TUS HÁBITOS DE PENSAMIENTOS HASTA AMARTE MÁS Y MÁS...!!!**

¡¡¡Y siempre y cuando te apliques con disciplina y constancia!!!

Porque, **he de hablarte claro, amado ser humano**. Piensa que los años que tienes son los que llevas reforzando una programación bien distinta y los patrones de pensamientos que has construido hasta ahora son imposibles cambiarlos de la noche a la mañana.

El cambio es un proceso, el mismo que utilizaste en crear la vieja programación. ¿Verdad que no se formó tampoco de la noche a la mañana? Pero con esa disciplina y constancia lo acortaremos con el método que te propongo.

¡¡¡Y segundo, porque,,, ME CAMBIÓ LA PERSONA!!!

Y ya lo decía San Pablo, recogido en la Biblia: "Somos transformados por la renovación de nuestras mentes". El cambio de mentalidad desemboca en un crecimiento interior y por ello, EL ÉXITO llega por el tipo de persona en que te conviertes. ¡¡¡POR ELLO, CADA VEZ ME FUE MÁS SENCILLO VENDER LOS BOLETOS!!!

Mi vida seguía desencadenándose. Un día, durante mi rutina habitual de venta en la calle, me tropecé a un conocido que hacía tiempo no veía. **Ese hecho CAUSAL me invitó a leer la Biblia** y sobre todo me inspiraron tremendamente los textos de San Marcos.

La venta de boletos y algún que otro negocio puntual de compra venta de artículos que realicé me permitieron hacerme con unos ahorros. Los invertí en un negocio que ideé. Se trataba de <u>comprar fundamentalmente ropa, zapatos y bolsos usados anunciados en internet para luego vender en Nouadhibou (Mauritania)</u>.

Ya previamente había realizado un reconocimiento a esa zona tras un viaje previo, dejando atado un local comercial, manteniendo por lo tanto mi pretensión inicial a pesar de las "recomendaciones" de conocidos. **Abandoné a mis seres queridos para adentrarme en ese país africano**. Fueron ocho meses de aventura. Económicamente hablando fue "lo comido por lo servido".

<u>Pero detrás de todo, como siempre, estaba el Creador. La misión era que valorara la enorme diferencia de calidad de vida y valores humanos que existían entre ambas culturas y, una vez más, a no hacer</u>

caso a las voces equivocadas que negaron mi iniciativa y a continuar confiando en mi.

Como consecuencia de estar lejos de mi tierra y también por mis indecisiones, pierdo el último vestigio de mi etapa empresarial más exitosa: un BMW 525 full extras. Es aplastado por el depósito de vehículos donde se hallaba al no haber podido hacer frente a la deuda acumulada tras una larga temporada allí.

Mi errónea programación hizo que sucumbiera económicamente hasta ese momento, así como en tres nuevas relaciones sentimentales ya terminadas y que me mostraron patrones que repetí, aprendidos de la relación entre mis padres. Les estoy muy agradecidos a todos al haber sido también formidables maestros en mi entrenamiento.

He de reflejar por su importancia un hecho que se produjo en los primeros años del siglo actual: **un accidente con el BMW que conducía. Fruto de un despiste me fui contra un muro de hormigón en un lateral del arcén.**

Salí ileso de puro milagro. Estaba muy claro que **el Creador estaba conmigo**. Otra lección que aprendí. Suma y sigue...

¡¡¡Gracias Gracias Gracias Creador!!!

QUINTO MAESTRO: PRINCIPIO DEL CAMBIO FIRME Y DEFINITIVO.

Solía necesitar de alguna que otra copita para irme a dormir: la soledad, por donde comienza el cambio me lo demandaba. Hasta que en Junio 2015, tras regresar de Nouadhibou al verme obligado a suspender un Campus de fútbol que pretendía innovar allí y tampoco poder iniciar el sexto consecutivo en Las Palmas G.C., en ambos casos por falta de inscritos, **tomé la decisión de inscribirme en un gimnasio.**

¡¡¡BENDITA DECISIÓN!!!

Ya una vez incorporado al entrenamiento diario en el mismo y un día en que me hallaba estirando junto a una cristalera que delimitaba la zona de estiramiento donde me encontraba del despacho del Director del centro deportivo, ¡¡¡sucedió algo mágico y que iba a marcar el resto de mi vida!!!

Me apercibí que sobre su mesa había un libro que se titulaba: UN MILAGRO EN 90 DÍAS. Me llamó la atención, con lo que me acerqué a ver el nombre del autor, pero me resultó imposible, pensando que luego lo buscaría a través de internet. Y así fue. Se trataba de **Laín García Calvo.**

¡¡¡Ese desenlace era el que necesitaba para que mi vida diera un cambio firme y definitivo, de una vez por todas!!!

A través de la lectura de un libro recomendado más básico, perteneciente a la misma saga y del mismo autor, **LA VOZ DE TU ALMA, reforcé mi autoestima me empoderé y terminé de iluminarme. Conecté con mi Ser, conmigo mismo, con mi Cristo interior**, o como quieras etiquetarlo.

Yo me amo, ¿Y TÚ?

¡¡¡Benditos fracasos la no celebración de citados Campus. Eran bendiciones disfrazadas o escondidas!!! (frase de Laín García Calvo)

¡¡¡ TE AMO,,, FRANCISCO MIGUEL VEGA CASTELLANO!!!

SEXTO MAESTRO: DE TOCAR FONDO A LA BENDICIÓN.

Pero ahí no quedaba todo, amado ser humano. **El Creador** me tenía reservada otra sorpresita. **Siempre quiere estar seguro de que vas en serio con tus objetivos antes de desplegar todo su poder sobre ti.** Todavía había otro duro obstáculo por franquear.

Y es que un día, seguro que no había sido suficiente el aprendizaje arriba citado con la famosa apuesta que perdí con el partido de la final del mundial de fútbol el 11 de Julio 2010, que **probé realizando otra apuesta futbolística.**

Poco a poco y cada vez más acudía a las casas de apuestas. Como todo, se empieza por poco y va en aumento. Ningún vicio va a menos, todo lo contrario, y éste no iba a ser una excepción. Lo que comenzó como algo puntual, por curiosidad, **desembocó en casi un enganche.**

Y es que aquello a lo que le prestas atención y foco, allí diriges la energía, aumentando más y más. El pensamiento es la energía de la mente. Es Ley y no falla. No fallan las leyes, fallan las personas. Me dolieron tanto las pérdidas económicas que me sentí vacío, desgraciado y harto de la situación. Estaba sufriendo muchísimo, jamás me había sentido así.

Mi mente me dominaba a su antojo. Toqué fondo. DON DOLOR, ese gran maestro y aliado, había hecho acto de presencia. Era lo que necesitaba para tomar consciencia de la situación. Y así lo hice.

Le imploré al Arcángel Miguel para que me diera luz y fuerza para salir del atolladero donde me metí, a la vez que le ofrecí a mi mente el argumento lógico y racional que siempre precisa. Hablé con ella y le dije:

<u>"un día ganaré apuestas, pero al día siguiente perderé;
no siempre iba a ganar,
pero el enganche no había quien me lo quitara"</u>

Fue la gota que colmó el vaso. <u>Me prometí a mi mismo que era más grande que aquéllo, que merecía llegar lejos en la vida y lo iba a hacer. El Creador le da las batallas más importantes a sus más valientes guerreros.</u>

¡¡¡AMADO SER HUMANO, DICHO Y HECHO:
AQUÍ ESTOY Y
SIENDO UN GRAN GUÍA PARA TI!!!

Reanudé el camino que las apuestas me habían cerrado releyendo el antes citado LA VOZ DE TU ALMA y continuando con **TU PROPÓSITO DE VIDA** del mismo autor, con el que **conecté con mi propósito de vida e hizo posible que ahora mismo tengas este libro entre tus manos.**

Posteriormente en Marzo 2017 **asistí en Barcelona a su evento VUÉLVETE IMPARABLE y que marcó un antes y después en mi vida.** MI VIDA Y LA DE MI FAMILIA HABÍAN CAMBIADO PARA SIEMPRE. Todo está planificado por el Creador.

Hay un plan divino para cada uno de nosotros. Un propósito o misión de vida que hemos venido a desarrollar en este plano físico, que hemos de encontrar y en el que hallamos la abundancia en todas las áreas de nuestra vida. Si colocas tu pieza del puzzle, los demás seres humanos también podrán colocar la suya.

¡¡¡Gracias Gracias Gracias Creador por haber puesto a Laín en mi vida!!!

SÉPTIMO MAESTRO: MI MADRE Y LA SEÑAL DEFINITIVA.

Pienso que una ratificación de que debía escribir este libro fue la señal que el **7 de Mayo 2017** me regaló el Creador. Y es que además del **séptimo maestro**, fue un **séptimo día de la semana (Domingo), cayó un día 7 y del año 17**.

Pues en esa fecha y aprovechando la festividad del día de las Madres deseo visitar a mi madre acompañado de mis tres hijos. Con tal fin, nos desplazamos a casa de mi hermana donde vive ella en compañía de mi hermana.

Aprovecho la ocasión para comentarte que desde hacía tres años y unos meses no existía la más mínima comunicación entre mi madre, hermanos y nosotros por una serie de hechos que en mi opinión fuimos afectados por parte de ellos, pero quisimos dar el paso, visitarles y lograr una reconciliación.

Previamente había telefoneado a mi hermana, la cual se opuso a nuestra visita. Pero aún así, emprendimos el viaje, los nervios me comían. Toqué al telefonillo de la puerta y mi hermana me respondió que me fuera. Luego se lo pensó, abrió la puerta y dialogamos.

Pero aunque en un principio persistía su ego, le pedí perdón y finalmente me permitió entrar a ver a mi madre, no sin antes comentarme, para mi sorpresa, que se encontraba en un estado en fase terminal de Alzheimer.

Observé a mi madre postrada en una cama, no podía moverse, ni tampoco hablar, solo abría los ojos. Le di varios besos, la acaricié, agradeciéndole por todo lo que me había dado, le pedí perdón y le dije que la

amaba. Lloré como un niño pequeño. No reaccionó. Solo abrió los ojos llevada seguramente por la sensación de sentirse tocada.

Ya prácticamente no sentía ni padecía. Luego entró mi hija Xiomara, mientras mis otros dos hijos prefirieron no verla al saber en qué estado se encontraba.

Y comenté que pienso esa vivencia detallada es una ratificación de que debía escribir este libro porque el Creador me mostró a tiempo, justo en el momento en que comenzaba a escribir este libro, el estado en que se encontraba mi madre, de la cual no sabía nada desde hacía unos años, y de esa manera poder hilvanar toda mi historia personal, pudiéndola mostrar completa a la humanidad con las conclusiones pertinentes.

Y debía enterarme de la última información que me faltaba, el Alzheimer en su última fase de mi madre, enfermedad degenerativa y que proviene también de una baja autoestima, que se origina en la mente como el 99% de las demás, como las enfermedades de mi padre, el cáncer de mis tías y abuelos maternos arriba detallados. Todo cuadra. El Creador no se equivoca.

Amado ser humano, yo en medio no me iba a escapar del sistema de creencias familiar y por lo tanto fui programado con lo mismo, pero salí de ella. Luego superando todas las dificultades que nos opone la vida para que crezcamos interiormente y ahora teniendo que transmitir al mundo cómo lo hice.

Como decía el Maestro Jesús:
"MUCHOS SON LOS LLAMADOS Y POCOS LOS ELEGIDOS"

> **FUI HUMILDE, SENTÍ LOS LLAMADOS, ME CUESTIONÉ TODO LO QUE HABÍA SUCEDIDO EN MI VIDA, LE DI EL SIGNIFICADO CORRECTO, ME ELEGÍ, TOMÉ ACCIÓN Y EL CREADOR CONSPIRÓ A MI FAVOR.**

¿Comprendes ahora, amado ser humano, una vez has leído mi historia personal de superación, por qué la titulé: "digna de uno de los mejores guiones en Hollywood"?

¡¡¡<u>Mi gran autoestima hizo que siempre me levantara y la tuya también lo va a hacer</u>!!!

> **¡¡¡LOS FRACASOS SON REGALOS DEL CREADOR, ESCALONES QUE SUBIMOS EN LA ESCALERA DEL ÉXITO!!!**

¡¡¡AMADO SER HUMANO, LO IMPORTANTE NO SON LAS VECES QUE TE CAES, LO IMPORTANTE SON LAS VECES QUE TE LEVANTAS.
LEVÁNTATE UNA VEZ MÁS DE LAS QUE TE CAES. PERO CADA LEVANTAMIENTO NO ES POSIBLE SI NO TE APODERAS DE UNA GRAN AUTOESTIMA!!!

Como ya comenté reiteradas veces, <u>nada de lo que nos ha sucedido ha sido casual. En nuestra vida no hay errores. Nuestra vida trata de despertarnos con cada experiencia para que recordemos quienes somos y para qué estamos aquí.</u>

Para que recordemos cuan válidos, amados somos y todo el poder que se nos ha dado. Ninguno de los dramas que hemos vivido ha sido para que sufriéramos, sino para que despertáramos.

<u>El Creador prepara a quien se elige recibiendo todas sus bendiciones. "Somos bendecidos para bendecir". En este caso fui yo, al igual que en cada familia existe una persona capaz de romper con la maldición pasada de sus respectivos ancestros.</u>

<u>Ahora me toca bendecir a aquellos que también se elijan pudiéndoles ayudar cuando este libro llegue a sus manos. Así progresamos. ¡¡¡EL PROGRESO ES EL OBJETIVO DEL CREADOR!!!</u>

¡¡¡GRACIAS GRACIAS GRACIAS MAMÁ por todo lo que me diste, no solo por mi alumbramiento y todo lo que ya ello supone, sino también por todo lo que te esforzaste en sacarnos adelante, con tu máxima buena fé siempre, a pesar de tu sistema de creencias erróneo y que hizo que el dolor que sufrí fuese ese maestro que me impulsó a la superación y de esa manera poder ahora transmitir tal maestría al mundo, pudiendo así ayudar a millones personas a superar la baja autoestima!!!

¡¡¡SIN TI NO HUBIERA SIDO POSIBLE, MAMÁ!!!

**¡¡¡ESTE LIBRO VA POR EL CREADOR QUE ME CAPACITÓ CON LOS EXCELENTES ENTRENAMIENTOS LÍNEAS ARRIBA DETALLADOS,
POR TI MAMÁ, POR MIS TRES SOLES Y POR SUPUESTO POR TI,
AMADO SER HUMANO Y PROPÓSITO DE MI VIDA!!!**

¡¡¡LOS AMO!!!

¡¡¡INFINITAS GRACIAS!!!

¡¡¡FRANCISCO MIGUEL VEGA CASTELLANO!!!

AMADO SER HUMANO,
comenzamos el apasionante viaje a tu liberación,,,
pero,,,

¡¡¡**EL PRINCIPIO ERES TÚ Y MÁS CONCRETAMENTE,**

TU ALTA AUTOESTIMA!!!

"El éxito más grande es la aceptación de uno mismo"

(Benjamín Jeffery, alias "Ben Sweet"; 1832-1874, Estados Unidos. Senador y Alto militar condecorado estadounidense).

Para llegar a ese objetivo hemos de abordar unos conocimientos previos que arrojen claridad y que se reflejan en los capítulos siguientes:

CAPÍTULO 1º: LA MENTE.
*¿QUÉ ES?

*PROGRAMACIÓN MENTAL.

CAPÍTULO 2º: LA AUTOESTIMA.
*CONCEPTO.

*FORMACIÓN.

*SÍNTOMAS.

CAPÍTULO 3º: SOLUCIÓN A LA BAJA AUTOESTIMA.
*RUTINA DIARIA.   *CÓMO SABER SI LA SUPERASTE.

Francisco Miguel Vega Castellano

¡¡¡ TE AMO,,, FRANCISCO MIGUEL VEGA CASTELLANO!!!

CAPÍTULO 1º: LA MENTE

*¿QUÉ ES?

LA MENTE es un mecanismo automático que en un principio está hecha para protegernos y "nos domina" a través de una zona de confort, sistema de creencias o programación que crea, con la intención que al poder conocerla entonces también podrá dominarla. La programación mental la abordaré en el siguiente punto.

Además, **EL UNIVERSO ES MENTAL Y está COMPUESTO TOTALMENTE DE ENERGÍA.** Con esas premisas se deduce que **LA MENTE TAMBIÉN ES ENERGÍA** y usa al pensamiento para crear, con lo cual **el pensamiento es la energía de la mente.**

¡¡¡Y entonces, allí **donde va el pensamiento va también la energía**!!!

Amado ser humano, como **TODO EL UNIVERSO ES ENERGÍA** y aunque éste no es el tema que nos ocupa en este libro, debido a su importancia y para una mejor comprensión de todo lo que expongo aquí, es conveniente resaltar en síntesis lo más destacado.

"EL UNIVERSO ESTÁ GOBERNADO POR 7 LEYES QUE IMPERAN SIEMPRE Y EXISTE UNA LEY DE ATRACCIÓN QUE RIGE LAS ANTERIORES Y SIRVE DE NEXO DE UNIÓN ENTRE ELLAS"

Fuente: "LA VOZ DE TU ALMA" de Laín García Calvo

Eso quiere decir, que están constantemente actuando, **jamás descansan. Aplicándolas con sabiduría y un buen discernimiento, lograremos poseer la herencia del Creador y seremos los dueños de nuestro propio mundo y destino.**

LAS LEYES SON: Mentalismo, Correspondencia, Vibración, Polaridad, Ritmo, Causa-efecto y Generación.

Ley del Mentalismo, es la más importante y de ella se derivan las demás. Se resume en que **"todo es mente y el Universo es una creación mental"** y como aprendiste en los primeros párrafos de este capítulo.

Ley de Correspondencia, que se basa en que **"como es arriba es abajo"** y que quiere decir que lo que se crea en la mente (arriba), tiene su reflejo o resultado en el mundo físico (abajo). Diferencia claramente los dos mundos o planos: el mental, interno o cuántico y el físico o exterior.

Ley de Vibración, se sintetiza en que **"nada está inmóvil, todo se mueve". Todo el Cosmos vibra** desde el gran Universo hasta el más pequeño de los átomos. **La vida es vibración** y las energías se miden por sus frecuencias vibratorias.

Ley de Polaridad, que nos dice que **"todo tienes dos polos, uno positivo y otro negativo, idénticos, pero diferentes en grado"**. Lo que separa a cosas diametralmente opuestas son los grados, pero pudiéndose reconciliar con la aplicación de este Principio.

Ley de Ritmo, habla de que **"todo fluye y refluye y que tiene sus periodos de avance y retroceso"**. Todo asciende y desciende, todo se mueve como un péndulo; la medida de su movimiento hacia la derecha es la misma de su movimiento hacia la izquierda.

Ley de Causa-efecto, inspirada en que **"toda causa tiene su efecto, todo efecto tiene su causa"**. Todo movimiento tiene su verdadera reso-

nancia, su propio efecto en el Universo; todo cuanto sucede, las consecuencias de esos sucesos y todo cuanto acontece es causal y no casual.

Ley de generación, que explica que **"todo tiene sus principios masculino y femenino, manifestándose en todos los planos".** Todo contiene los principios activo y positivo, en todo se manifiesta la acción del ánodo y el cátodo. La polaridad y la generación se manifiestan en todos los planos.

Por otra parte, LA LEY DE ATRACCIÓN, que <u>rige las Leyes anteriores y sirve de nexo de unión entre ellas,</u> **se basa en que las frecuencias de vibraciones similares de energías vibran juntas, es decir, se atraen.**

En otras palabras: atraemos a nuestras vidas exactamente aquéllo en lo que más nos enfocamos.

Nuestros pensamientos y sensaciones emiten unas frecuencias vibratorias en forma de mensajes al Creador. Trata de imaginarte al Creador como un inmenso espejo, que te devuelve una situación refleja exacta de lo que tú piensas.

Cualquier cosa que pienses y sientas te lo devolverá reflejado en situaciones, emociones, etc. similares. No importa quién o como seas. La Ley de atracción opera siempre y para todo el mundo. De modo que si piensas, le prestas foco o te enfocas en lo que te hace sentir bien, te llegarán más situaciones, personas, cosas, etc. que te harán sentir del mismo modo.

Si por el contrario te enfocas en lo que te hace sentir mal atraerás a tu vida situaciones que concuerdan con ese sentir.

La Ley de atracción no diferencia entre bien y mal. Solo obedece a frecuencias vibratorias y entonces el Creador solo reflejará tu estado de ánimo y manifestará tus deseos. El lengüaje del universo es la emoción.

Ya lo decía Albert Einstein, padre de la física cuántica y premio nobel en 1921:

"Todo es energía y eso es todo lo que hay. Sincronízate con la frecuencia de la realidad que quieres y no podrás obtener otra cosa. No puede ser de otra manera. Esto no es filosofía. Es Física".

¿Alguna vez te has sorprendido quejándote de la mala gestión del Gobierno, de como va el país, de lo mal que conduce alguien o cualquier otra queja?

Pues en cualquiera de esos casos emitiste una señal vibratoria de malestar al Creador y eso fue exactamente lo que te devolvió, o sea, alguna situación, persona, cosa, etc. que te hiciera sentir exactamente igual a la señal que emitiste.

Y amado ser humano, ¿recuerdas aquellas ocasiones donde decidiste descansar un poco, escuchando música relajante o disfrutar de cualquier hobbie?

Contrariamente a los supuestos anteriores, en cualquiera de éstos la señal vibratoria que emitiste fue de bienestar, con lo que el Creador fue muy exacto y cumplió tus órdenes, devolviéndote **alguna** situación, oportunidad, persona, cosa, etc. que te hiciera sentir exactamente igual a la señal que emitiste.

¿Alguna vez has escuchado decir a alguien, "de un grano de arena hace una montaña", en referencia a un tercero que un pequeño problema lo convierte en un problemón?

¿O a otra persona decir, "parece que nunca tiene problemas, todo lo ve fácil o a todo le busca solución?

Por lo tanto, hacemos crecer en uno u otro sentido las manifestaciones físicas dependiendo del enfoque constante que prestemos a nuestras emociones y que se derivan de nuestro pensamiento.

"Siente lo que quieres con tanta fuerza, que no le queden dudas al Creador"

Vamos ahora a sacar otra conclusión muy importante sobre las Leyes,,,

¿Verdad que si arrojas un objeto por la ventana no sube?

Pues claro que no.
Baja.

¿Y por qué?

Pues porque está sometido a otra fuerza atractiva que Isaac Newton demostró y enunció en 1687 como "Ley de gravitación universal", más conocida como Ley de la gravedad o simplemente gravedad.

Entonces **las Leyes nunca fallan. Están más que experimentadas antes de ser enunciadas. Por eso luego las denominan Leyes. Son las personas las que fallan en su ejecución.**

Y el resto de conclusiones obtenidas hasta ahora son:

"TODO COMIENZA EN LA MENTE",
"EL UNIVERSO ES MENTAL",
"EL PENSAMIENTO ES CREADOR",
"TODO EL UNIVERSO ES ENERGÍA"
y
"EXISTEN 7 LEYES QUE GOBIERNAN EL COSMOS REGIDAS POR LA LEY DE ATRACCIÓN"

Y si todo comienza en la mente, también debe acabar allí, porque depende de nuestro pensamiento que es creador, ¿cierto?

Entonces, estarás conmigo de que:

> ¡¡¡SOMOS LO QUE CREEMOS QUE SOMOS¡¡¡

Y, AMADO SER HUMANO, TE PREGUNTO:

¿QUÉ PIENSAS TÚ QUE ERES?

Vete pensando sobre ello y luego retomaremos esa cuestión. Te adelanto que **eso que piensas de ti, no se corresponde con la verdad, ¡¡¡ESA NO ES TU IDENTIDAD, ESE ES TU COMPORTAMIENTO PROCEDENTE DE UNA PROGRAMACIÓN MENTAL!!!** y que veremos a continuación.

A lo mejor podrás estar pensando, por ejemplo, "que me volví loco", pero no es eso. ¡¡¡Estoy muy cuerdo, gracias al Creador!!!

> ¡¡¡AMADO SER HUMANO, RECUERDA LO SIGUIENTE PARA SIEMPRE:!!!

¡¡¡TÚ NO ERES LO QUE PIENSAS, ESO FUE APRENDIDO.

TÚ ERES UN SER MARAVILLOSO Y EXTRAORDINARIO,

MERECEDOR DE LLEGAR A

LO QUE CREAS EN LA VIDA!!!

Yo me amo, ¿Y TÚ?

¡¡¡ TE AMO,,, FRANCISCO MIGUEL VEGA CASTELLANO!!!

*PROGRAMACIÓN MENTAL.

> "Somos todos esclavos de nuestro personaje,
> creado primeramente por la familia,
> segundo por la sociedad y tercero por la cultura.
> El camino de la transformación es liberarse de la esclavitud.
> Detrás de mis mil máscaras soy auténtico".
>
> (Alejandro Jodorowsky; Chile, 1929;
> destacado escritor y director cinematográfico franco-chileno)

Amado ser humano, primero, y antes de conocer qué es la **programación mental**, vamos a ubicarla realizando un recorrido previo.

Nuestro perfecto cerebro, formado por millones de neuronas, que son las células del sistema nervioso, se encuentra nuestra prodigiosa mente. Existen tres niveles en la mente mediante los cuales los seres humanos nos desempeñamos en la vida.

Éstos son el CONSCIENTE, el SUBCONSCIENTE y el INSCONCIENTE.

El consciente, es mediante el cual tomamos el control de nuestra vida y de donde surgen las decisiones, básicamente con nuestros pensamientos e ideas. Conforma nuestro carácter, nuestra personalidad y nuestra forma de ser.

Es lógica, racional y proactiva, es decir, es con la que decidimos actuar conscientemente, en base a nuestros deseos y gustos, más que en nuestros impulsos y corazonadas.

Es muy valiosa para todo lo que tiene que ver para soluciones de problemas de tipo lógico. Es la que utilizamos la mayor parte de nuestro tiempo dándonos cuenta. Nos hace creer que estamos controlando nuestras vidas.

La subconsciente es la que guía, el corazón, aquella emocional, afectiva y sentimental. Es ilimitada por cuanto tiene acceso a todas nuestras memorias y a todas nuestras experiencias pasadas y controla todo aquello que no entendemos.

Puede que en ocasiones actuemos de forma en que no hubiéramos imaginado nunca, igual en nuestro comportamiento existen patrones desconocidos o incomprensibles o puede que en ciertas ocasiones nosotros mismos no nos entendamos.

Todo ello se produce porque la mente subconsciente está actuando por nosotros y está tomando el control de la mente consciente.

Y **el insconciente** que es aquel nivel mental más profundo o un segundo nivel dentro del subconsciente. También denominado mente reptiliana, es la más primitiva de los tres niveles y completamente animal. Su misión es alejarnos del peligro y acercarnos al placer.

Pues la programación mental, es el conjunto de datos o información que tenemos almacenados en nuestro SUBCONSCIENTE, provenientes de lo que viste, oiste y experimentaste de tu entorno, fundamentalmente de padres y familiares; también de profesores, amigos, compañeros, medios de comunicación, etc.

"Los comportamientos, creencias y actitudes que observamos en nuestros padres se graban en nuestro cerebro y controlan nuestra biología el resto de la vida, a menos que aprendamos a volver a programarla"

(Bruce H. Lipton, 1944, EEUU. Destacado biólogo celular estadounidense)

Muchos de nosotros llegamos al mundo recibidos con una enorme sonrisa. Quienes estaban alrededor celebraron nuestros primeros pasos, nuestros primeros dientes, nuestras primeras palabras, etc.

Éramos guapos, listos, divertidos, hasta que un día comenzaron a llegar esas lecciones que acabarían haciéndonos pensar todo lo contrario. En casa nos comparaban con nuestros hermanos, con los primos o con los vecinos.

En la escuela otros niños nos veían mal si éramos más gorditos, más miopes o más pobres. En la tele o en el cine se nos ofrecían modelos de perfección, para recordarnos nuestras muchas carencias.

Poco a poco comenzamos a pensar que no éramos tan maravillosos y que, para ganarnos la aceptación de los demás, había que trabajar duro y parecerse a aquellos que sí la tenían. Hasta que un día nos miramos al espejo diciendo:

¡¡¡soy feo,,, soy un desastre,,, no sé hacer nada bien,,, etc.!!!

Pero, amado ser humano,,, ¿hay algo de cierto en eso?

¡¡¡Pues claro que NO!!!

Son solo creencias infundadas que se crearon por repetición de pensamientos y alto impacto emocional, que con el paso de los años fue-

ron reforzadas y que ha destrozado la visión que tenemos de nosotros mismos.

Una persona con baja autoestima está atrapada en ese cepo. Da por verdadera su impresión, sin plantearse que pueda estar equivocada.

La verdad es que cada uno de nosotros es valioso y tiene su propio lugar en el mundo, sus objetivos, sus ideas, su cuerpo, etc. y no tienen porqué ser del gusto de los demás.

Entonces, todas las experiencias vividas REPETIDAMENTE Y CON ALTO IMPACTO EMOCIONAL configuraron cristalizaciones en nuestro subconsciente. De esa manera se formó nuestro sistema de CREENCIAS o PROGRAMACIÓN MENTAL del que provienen patrones de pensamientos predominantes que creó nuestra MENTE para protegernos y que conforman nuestra ZONA DE CONFORT.

Amado ser humano, llegamos a este plano físico con el SUBCONSCIENTE o almacén de datos, arrastrando tan solo un 5% en nuestros genes. Luego fuimos programados con el restante 95% fundamentalmente desde la niñez.

¡¡¡El entorno nos condiciona decisivamente, siendo más fuerte que nuestra voluntad!!!

Al igual que aprendemos un idioma, unas ciertas normas, una cultura, a montar en bicicleta, etc., pues igualmente nuestra personalidad fue aprendida.
Aquello que creemos somos, lo que pensamos nos define, nuestra identidad, realmente fue aprendida.

¡¡¡Eso que pensamos somos es nuestra programación mental!!!

¡¡¡NO ESTAMOS DESTINADOS,,,

FUIMOS PROGRAMADOS!!!

Laín García Calvo

Por lo tanto, el pensamiento no es algo aislado o al azar, que de buenas a primeras brota de nuestra mente. Deriva de ese sistema de creencias o programación mental previamente configurado y a través de la cual miramos al mundo. La realidad es una representación de nuestra mente.

Así fuertemente anclada está nuestra programación, actuando en niveles por debajo de la consciencia que no nos percatamos de como actúa, sin embargo sabemos que lo hace por los resultados que experimentamos.

Hasta los 6 años, llamada edad de la razón, porque a partir de la misma comenzamos a discernir, somos programados inconscientemente y fácilmente, ya que actuamos como esponjas del mundo exterior captando fácilmente toda la información que nos llega.

Por lo tanto, miramos e interpretamos la realidad simplemente como un reflejo de ese almacén de datos localizado en nuestro subconsciente. Es decir, le damos significado a las cosas desde la óptica de nuestro sistema de creencias.

Cada cual cree lo que quiere creer. Un mismo objeto puede tener significados diferente para los demás, porque están siendo observados desde prismas diferentes. ¿Me hago entender?

Pues continuamos,,,

De nuestras creencias procede nuestro pensamiento. El problema estriba que el 90% del tiempo pensamos mecánicamente, es decir, inconscientemente, sin darnos cuenta.

Vamos a por un ejemplo: ¿Cuántas veces te sorprendiste habiendo finalizado una tarea o acción pensando en otras cosas, sin estar centrado en lo que estabas realizando y sin embargo lo concluiste: bien conduciendo, o mientras comías, te duchabas, veías la tele, fregabas, o limpiabas, etc.?

Pues bien, ahí tu mente estuvo la mayor parte del tiempo pensando en automático en otra cosa, desarrollando la programación, el software mental que tiene instalado. Existe un diálogo interno permanente en nosotros.

De esa manera, si desde pequeño, repetidamente te decían que no valías, que eras malo o mala, feo o fea, gordo o gorda o cualquier otro adjetivo negativo, creando una emoción o sentimiento en ti, hasta terminar grabándolo en tu subconsciente, entonces lo creíste, piensas esa es tu identidad, que eres así.

Escucha esa vocecita interior que proviene de tu mente o ego y los adjetivos despectivos que te dice, las mismas que te decían tus padres, familiares, profesores, amigos, compañeros, etc. y que finalmente te repetiste una y otra vez, te dejaste convencer de esas palabras, hasta hacerlos tuyos y así piensas que eres, así te defines.

Lamentablemente el sistema educativo español, desde la escuela, refuerza el error y la equivocación. Y todo aquello en lo que nos centramos aumenta y fue creciendo en ti desde chiquitito.

El 90% del tiempo piensas así, porque el pensamiento automático se deriva del sistema de creencias que creaste, atrayendo más y más pensamientos similares, creando finalmente UNA PROGRAMACIÓN ERRÓNEA QUE HAY QUE DESTRUIR CUANTO ANTES. Ésta no te deja en paz, se está dañando, a la vez que está matando todas tus bendiciones.

MUY IMPORTANTE: DEL PENSAMIENTO SE DERIVAN LA EMOCIÓN Y EL SENTIMIENTO.

La emoción puede ser definida como un **estado complejo del organismo caracterizado por una excitación o perturbación que puede ser fuerte.** Son reacciones afectivas, más o menos espontáneas, ante eventos significativos.

Implica una evaluación de la situación para disponerse a la acción. La duración de una emoción puede ser de algunos segundos a varias horas.

Sin embargo, podríamos definir al **sentimiento** como el **componente subjetivo o cognitivo de las emociones**, es decir la experiencia subjetiva de las emociones. En otras palabras, la etiqueta que la persona pone a la emoción.

Por tanto, los sentimientos no son simples emociones que te suceden. Los sentimientos son reacciones que eliges tener. Tú eres el responsable de lo que piensas y sientes y puedes aprender a pensar de forma diferente respecto a cualquier cosa. De aquí, como sabemos, nace la autoestima.

Un ejemplo práctico podría ser, amado ser humano: piensa en cualquier momento puntual acaecido en tu vida. Si el mismo fue positivo para ti, habrás sentido alegría o felicidad, mientras que si fue negativo, tristeza.

Por ello, de ti y de las elecciones que hagas depende que las experiencias de tu vida sean estimulantes y agradables. Si cambias el pensamiento, cambiarás la emoción. Entonces y según lo visto hasta ahora, podríamos concluir que:

CREENCIAS → PENSAMIENTOS → EMOCIONES → ACCIONES → RESULTADOS

Es decir, **de las creencias se derivan los pensamientos, de éstos las emociones y sentimientos, que nos conducen a las acciones y determinando unos resultados.**

Hay que matizar que el pensamiento puede ser hablado o expresado a través de palabras o también escrito, con lo que el cuadro anterior definitivo quedaría de la siguiente forma:

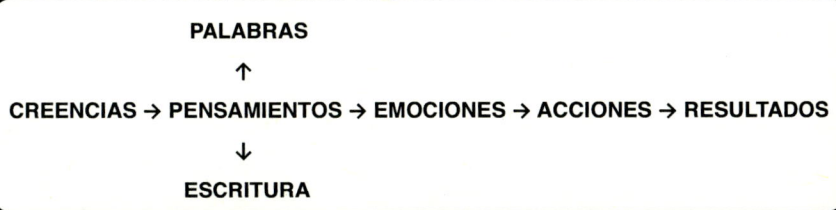

Felizmente todo tiene solución y puedes programarte de nuevo, primero conscientemente, eliminando todas esas viejas creencias que te impusieron. Te voy a ayudar a reprogramarte, a crearte una nueva programación, verdadera, de lo que realmente eres y siempre fuiste.

¡¡¡UN SER HECHO A IMAGEN Y SEMEJANZA DEL CREADOR!!! y por lo tanto, no estás en este plano físico por equivocación, hay un plan divino para ti, dentro de una misión de vida que se te encomendó antes de nacer, pero que con el paso del tiempo tu entorno se encargó te alejaras de ella, para encajarte en un molde o standard social.

¿te es familiar que te hayan hecho creer que para encajar en ese molde social tienes que:

Obedecer a un sistema?,

Licenciarte en alguna materia para ser "alguien"?,

Trabajar para una Empresa, ganar dinero y aunque no seas en lo que amas?,

Casarte con una persona del mismo sexo?,

Ser padre o madre?,

Comprar una casa, aunque sea a través de préstamo, para que "el día de mañana sea tuya"?,

Tener un buen coche?,

Disfrutar de bienes y servicios para "vivir al día" aunque sea endeudándote?,

Jubilarte, cobrar una pensión?,

Enfermar y morir; entre los más importantes?

Amado ser humano, ¿alguna vez pensaste, cómo es posible que el Creador todo amor nos haya conducido a un plano material o físico para luego sufrir por escasez de algo?
o
¿cómo es posible que nos haya regalado un coche de lujo, que simbolizaría el Universo o Cosmos, para luego quitarnos las llaves o con la consiguiente imposibilidad de disfrutarlo?

¿Verdad que no cuadra?

En la sociedad actual se tiende a pensar que las personas inteligentes son las que tienen muchos títulos académicos, sacan buenas notas en los exámenes, son buenos en matemáticas o física, hablan muy bien y de forma adecuada o tienen mucha memoria.

Sin embargo, hay muchas personas como esas que sufren depresión, ansiedad o incluso están internados en algún psiquiátrico.

¿Sigue sin cuadrar, verdad?

Pues entonces, una persona inteligente debería ser descrita como feliz y efectiva en el día a día, que sabe solucionar problemas, crea recursos, es autónoma, independiente y supera las adversidades, independientemente de todo lo demás.

Además, acepta los problemas como una parte normal de su vida diaria, teniendo la capacidad de sentir las emociones que desea en cada momento.

Déjame decirte que el Universo tiene un mensaje muy diferente para ti y es el siguiente:

Hijo mío, te envié al plano físico o material para que disfrutaras de la vida, sabiendo que desde mucho antes de nacer ya eras alguien y ya que es tan corta, debería ser por lo menos agradable; dotado de libre albedrío para que hagas con ella lo que desees, ya que es tu vida; pudiendo ser perfectamente empresario, decidiendo tener pareja o no, del mismo sexo o no, tener hijos o no, viajar por todo el mundo, comer y beber todo lo que se te antoje, vistiendo lo que más te acomode, disfrutar de lo que haces, incluso volviéndote rico con ello, retirándote joven y vivir sano toda la vida,,, la vida es para ti, no es algo que te sucede,,,

Francisco Miguel Vega Castellano

¡¡¡TE REGALÉ LA VIDA PARA QUE LA DISFRUTARAS NO PARA QUE SUFRIERAS!!!

¡¡¡ TE AMO,,, FRANCISCO MIGUEL VEGA CASTELLANO!!!

Yo me amo, ¿Y TÚ?

Amado ser humano, antes de continuar con el siguiente capítulo, es muy importante te haya quedado absolutamente claro lo que has leído hasta aquí, para poder seguir avanzando.

Si no es así y precisas la aclaración de cualquier duda u otra consulta, pongo a tu entera disposición la posibilidad de establecer una sesión privada sin coste y donde personalmente resolveré tus planteamientos.

Puedes solicitarla telefoneando al 658234019, también whatsapp; en la web: franciscomvega.com; o bien escribiendo a la dirección de correo: franciscomvega@franciscomvega.com

¡¡¡ TE AMO,,, FRANCISCO MIGUEL VEGA CASTELLANO!!!

Francisco Miguel Vega Castellano

CAPÍTULO 2: LA AUTOESTIMA

Amado ser humano, ten muy presente siempre lo siguiente:

> ¡¡¡NUNCA HUBO NADIE,
> NO HAY NADIE Y
> NI HABRÁ NADIE COMO TÚ!!!

¡¡¡Observa tus huellas digitales!!! ¡¡¡Son únicas y perfectas!!!

Formas parte del puzzle perfecto de la Creación. Por lo tanto, la colocación de tu pieza es vital. **Has venido a brillar. La vida no es algo que te ocurre, la vida es algo que ocurre para ti.**

Amado ser humano, ¿alguna vez te has preguntado qué probabilidades tendrías de que fueras como eres, de que tuvieses ese pelo, esa altura o color de ojos? Es más: ¿alguna vez se has preguntado qué probabilidades habría de que llegases siquiera a existir?

¡¡¡Pues lo siguiente, te va a impresionar!!! La ciencia, una vez más se ha puesto al día con la espiritualidad. Así, el prestigioso **Doctor Ali Binazir** ha tratado de responder a las anteriores preguntas en un artículo publicado en un blog de Harvard, que también ha sido plasmado en una interesante infografía.

Por ejemplo, Binazir estima que un hombre, un padre, podría (y subraya podría) haber conocido a una madre entre 200 millones de mujeres, pero calcula que realmente habría conocido unas 10.000 a lo largo de 25 años. Una vez que los padres se conocen, los números no son más sencillos.

Los seres humanos somos la combinación de un espermatozoide y un óvulo concretos y cada madre tiene una media de 100.000 óvulos fértiles durante toda su vida, mientras que el padre generó aproximadamente unos 400.000 trillones de espermatozoides totalmente diferentes por lo que la probabilidad de que el bebé que engendren sea uno mismo y exactamente uno mismo es de 1 entre 400.000 trillones.

El doctor Ali Binazir estima que un padre podría haber conocido a unas 10.000 mujeres además de la madre con la que procreará aunque para que se dé esa probabilidad, primero todos los ancestros tuvieron que nacer, crecer y reproducirse sabiendo que hay un 50% de probabilidades de que ocurra todo eso.

Contando con que cada 20 años hay una nueva generación y que los primeros humanos aparecieron hace más o menos 3 millones de años, nos deja con 150 generaciones que tuvieron que pasar el proceso estadísticamente casi imposible para llegar a un nacimiento, lo que equivale a una probabilidad de 1 entre 10 elevado a 45.000.

Por último, la posibilidad de que en todas esas 150 generaciones se unieran el espermatozoide y el óvulo que dieron lugar a uno de los ancestros es de 1 entre 10 elevado a 2.640.000. Sabiendo todos estos datos, para saber la estadística exacta de que un individuo terminase existiendo hay que sumar todas esas cifras y da un resultado de 1 de cada 10 elevado a 2.685.000.

Para hacerse a la idea a la idea de la improbabilidad de un nacimiento, hay que compararlo con otras cifras gigantescas, como que un hombre adulto de 80 kilos está formado por cerca de 10 elevado a 27 átomos, que el número de átomos que componen la Tierra es de 10 elevado a 50 o que el universo conocido está hecho de 10 elevado a 80 átomos.

En resumen, la posibilidad de que una persona termine siendo exactamente esa persona y no otra es la misma que la de que dos millones de personas se juntasen para jugar cada uno con un dado con mil billones de caras y que todos sacasen el mismo número,,,

¡¡¡ES ALGO IMPOSIBLE, LA PROBABILIDAD ES CERO. LA PROBABILIDAD DE QUE TÚ ESTÉS AQUÍ ES CERO!!!

¡¡¡ERES UN MILAGRO!!!

¡¡¡Y ES POR ELLO MISMO QUE TU VIDA NO ES UNA CASUALIDAD, SINO UNA GRAN CAUSALIDAD. TÚ NO ESTÁS AQUÍ POR UNA CAUSA TÚ ESTÁS AQUÍ PARA UN EFECTO!!!

¡¡¡TÚ NO ESTÁS AQUÍ POR ALGO, ESTÁS AQUÍ PARA ALGO!!!

¡¡¡CREA SIGNIFICADO CON TU VIDA, QUE TU VIDA SIRVA PARA SER DE ESTE MUNDO UN LUGAR MEJOR!!!

**¡¡¡HAY SEMILLAS DE GRANDEZA EN TU INTERIOR.
TIENES ADN GANADOR EN TU CUERPO.
CORRE SANGRE DE CAMPEÓN POR TUS VENAS. POR LO TANTO,
NO DEJES QUE NADIE TE DIGA QUE NO LO VAS A PODER LOGRAR.
CUANDO TE DICEN ESO, NO HABLAN DE TI, HABLAN DE ELLOS!!!
(LAÍN GARCÍA CALVO).**

**¡¡¡PERO PARA LLEGAR AHÍ HAS DE COMENZAR POR AMARTE
INMENSAMENTE Y TE ESTOY AYUDANDO A QUE LO CONSIGAS!!!**

¡¡¡ TE AMO,,, FRANCISCO MIGUEL VEGA CASTELLANO!!!

*CONCEPTO DE AUTOESTIMA.

El Universo se presenta con sus 7 atributos o apariencias: vida, verdad, amor, alma-unidad, inteligencia, espíritu y Principio. En este libro vamos a tratar específicamente sobre el amor que sentimos por nosotros o la autoestima.

La autoestima es la valoración que cada persona tiene sobre uno mismo. Se trata de la opinión emocional, con lo cual **se deriva de pensamientos** y que, habitualmente, supera en sus causas la racionalización y la lógica.

Es una respuesta emocional particular al hecho de realizar un juicio de valor sobre todo lo que consideramos nuestra persona. **Se refiere al grado de aceptación y valor que nos asignamos.**

<u>Si la valoración que sientes de ti mismo es baja, entonces no te amas. Amarte es el acto que se deriva del amor.</u> Y **amor es el sentimiento de vivo afecto e inclinación hacia una persona, animal o cosa.**

"¿Sabes lo que significa amar, sentir tu corazón lleno de un gozo y gratitud tan grandes que no se pueden contener y tiene que salir a la superficie, hacia las almas que te rodean? Es una sensación gloriosa de bienestar, de unidad con toda la vida. Cuando hay amor desaparecen todo temor, odio, celos, envidia y codicia, porque ante la presencia del amor no hay lugar para esas fuerzas negativas y destructivas.

Cuando tu corazón esté frío y no sientas amor, no te desesperes; mira a tu alrededor y encuentra algo que puedas amar. Quizás sea algo pequeño, pero esa pequeña chispa puede inflamar tu Ser entero hasta que el amor haya prendido en ti. Una llave pequeña también es capaz de abrir una puerta pesada

> El amor es la llave de todas las puertas cerradas.
> Aprende a utilizarlo hasta que todas las puertas se hayan abierto.
> Comienza justo en el punto en el que te encuentres.
> Abre tus ojos, abre tu corazón, date cuenta de una necesidad y dale respuesta"

(Eileen Caddy, prestigiosa maestra espiritual escocesa; Egipto 1917 – Escocia 2006)

<u>Todo comenzó con amor a través del perfecto regalo de la Creación del cosmos y de la humanidad por el infinito del gesto del Creador.</u> Las generaciones humanas también se perpetúan por la fuerza del amor entre dos seres humanos.

El amor <u>es la fuerza que nos impulsa a lograr objetivos en la vida</u>, es lo único que se necesita para que las cosas sucedan, es el pegamento universal. Pero todo ello comienza cuando nos amamos a nosotros mismos, reconociendo ese amor que sin duda llevamos dentro y que hemos de despertar.

Amado ser humano, si queda demostrado que quien nos creó es todo amor y por ello es que nos creó rodeado de abundancia por todas partes para que la disfrutáramos, ¿cómo no vamos a llevar en nuestro interior la semilla del amor de nuestro Padre perfecto o Creador todo amor?

<u>La construcción del cambio en la humanidad comienza por amarte,</u> comienza por uno mismo y a partir de ahí manifestar la abundancia que es la verdadera naturaleza del ser humano.

Piensa, amado ser humano, que la autoestima que tengamos influirá en casi todo lo que hagamos, como por ejemplo en la toma de decisiones, acciones, gustos, aspiraciones y muchas otras cosas que forman el comportamiento, la felicidad y en la vida misma.

Nuestra forma de vivir tendrá como resultado una mayor autoestima, una convivencia en paz con nosotros mismos y los demás y la posibilidad de conseguir lo que queremos para nuestras vidas.

¡¡¡Pongamos entonces el amor de moda,,, vamos a por ello!!!

¡¡¡ TE AMO,,, FRANCISCO MIGUEL VEGA CASTELLANO!!!

*FORMACIÓN.

La autoestima se forma por el conjunto de pensamientos, sentimientos, sensaciones y experiencias que sobre nosotros mismos hemos ido recogiendo durante nuestra vida en un 95%, más un 5% restante que heredamos y que configuran lo que creemos valemos.

El concepto que tenemos de nosotros mismos se desarrolla gradualmente durante toda la vida y pasa por diversas etapas de progresiva complejidad. Cada etapa aporta impresiones, sentimientos, e incluso, complicados razonamientos sobre lo que pensamos de nosotros. <u>El resultado es un sentimiento generalizado de valía o de incapacidad.</u>

Así, según nos creamos listos o tontos, nos gustamos o no, respectivamente. Los millares de impresiones, evaluaciones y experiencias así reunidos se conjuntan en un sentimiento positivo hacia nosotros mismos, o, por el contrario, en un incómodo sentimiento de no ser lo que esperábamos.

En general, <u>las experiencias positivas y relaciones plenas ayudan a aumentar la autoestima. En cambio, las experiencias negativas y las relaciones problemáticas hacen que disminuya.</u>

El Creador, debido a que nos creó nos conoce muy bien y sabe que deseamos lo que no tenemos, así lo valoramos más y la única forma de desear algo ardientemente es sentir que no lo poseemos.

Y nos entrena de esa forma, haciendo que sintamos dolor por su ausencia y sea nuestra obsesión encontrarlo.

Amado ser humano, antes de abordar el siguiente subcapítulo, "síntomas", quería compartir contigo el siguiente artículo, porque además de que me encanta, reafirma lo visto hasta ahora y te arrojará más claridad aún.

<u>Su autor es Jürgen Klaric (1970, EEUU), prestigioso especialista e investigador de neuromarketing, además de ser docente y escritor.</u> Te dejo con él:

"<u>Durante toda una vida te dicen: Tienes que ir a la universidad, porque es la forma de ser feliz y ganar dinero</u>. Haces caso y te metes 5 años como mínimo para titularte en una licenciatura. Tus padres y a veces hasta el resto de familia gastan mucho dinero en ti, para que te gradúes.

Pero... ¡¡sorpresa!! <u>Terminas y ni tan siquiera puedes obtener un buen sueldo</u>. Y te dices: Yo he terminado mis estudios, soy un profesional, tengo que ganar un buen salario, yo me merezco ganar dinero, etc. etc.

Igual consigues un empleo trabajando 8,10, 12 o 14 horas diarias, creyendo que es la forma de hacer dinero. Si fuera cuestión de tiempo, los taxistas fueran millonarios, ¿no crees?,,,

Te digo algo. <u>Hacer dinero, como todo, está en tu mente</u> y cuando no sabes cómo funciona, empiezan los problemas. Estamos metidos en un juego, donde el sistema educativo es el cómplice más importante de ese juego.

<u>La mentira de estas tres últimas décadas: para ser exitoso tienes que estudiar.</u>

No digo que esté mal estudiar. Aprendemos mucho estudiando, pero lo que está mal es hacerle creer a 3 generaciones que si estudias vas a lograr ser exitoso. En una nueva economía donde la información es de todos, el que gana no es el que la tiene, sino el que sabe utilizarla y desarrollarla a través de sus competencias que en la escuela no te las enseñan por todo el dinero del mundo. Tampoco en la universidad, por muy prestigiosa que sea.

<u>El sistema educativo no te enseña a conocerte a ti mismo, a ser feliz, libre, positivo, a manejar tus miedos para que no sean tus enemigos, sino que fueran tus motivadores para lograr conseguir algo mucho más grande.</u>

Quizás el menos responsable de todo seas tú, el que quiere estudiar, el que se creyó que yendo a la universidad iba a lograr mucho en la vida, el que cree que la felicidad solo está en tener mucho dinero. Tener mucho dinero es magnífico, pero no lo es todo,,,

<u>La solución está en tu mente. Pero cuidado, porque tu mente puede ser tu mejor amiga, como tu peor enemiga.</u> Pero si entiendes cómo utilizarla puedes cambiar citado juego. ¿Pero cómo salimos del laberinto, te preguntarás?

Muy buena pregunta,,,

Hay varias forma de salir. La más importante es que dejes de pensar como empleado, comienza a desarrollar tus habilidades, las que no te enseñaron en el sistema educativo: aprende a ser, <u>aprende a creer en ti, aprende a amar, aprende a dormir, aprende a alimentarte, etc.</u>

Ahí está la verdadera transformación de tu vida para llegar a ser la persona que realmente quieres ser. Tres recomendaciones fáciles:

Yo me amo, ¿Y TÚ?

-<u>Lee, pero seleccionando lo que lees</u>. Los libros cambian la mente y el corazón de la gente.

-<u>Sube tu energía</u>. Tu estado emocional debe estar siempre alto. Las personas que no tienen <u>energía vital</u> no logran nada. Es aquélla que cuando te despiertes te diga: ¡¡¡yo me voy a comer el mundo ahora!!!

-<u>Y piensa también en los demás. Trabajemos por un sistema,</u> por todos. No pienses solo en ti. Piensa en los tuyos y en los que no conoces, porque si entre todos mejoramos el sistema, el beneficio es para el colectivo y tú saldrás adelante".

¡¡¡Amado ser humano, entonces estás en el buen camino, el que te lleva hacia cuotas de amor elevadas por ti mismo. Seguimos adelante,,,!!!

¡¡¡ TE AMO,,, FRANCISCO MIGUEL VEGA CASTELLANO!!!

*SÍNTOMAS.

Imagínate amado ser humano que no amas a determinada persona. En ese caso, ¿desearías regalarle algo? ¡¡¡Pues la respuesta está clara, ¿verdad?:

¡¡¡no!!!

Pues si cogemos ese ejemplo y lo aplicamos a ti, te hago la siguiente pregunta:

¿si tú no te amas, crees que te sentirías merecedor de algún regalo, llámese una amistad o pareja que te respetara o amara más, cuidar más tu aspecto físico o tus hábitos, un jefe que te valorase mucho más, un trabajo mucho mejor remunerado, disfrutar de tu tiempo libre, o un coche mejor, etc. etc.?

Creo que la respuesta está clara: no; y el síntoma también: baja autoestima.

¿Es que acaso te dejaste convencer de que no eras merecedor de lo mejor en tu vida?

Es decir, sencillamente, **el síntoma de tu autoestima es aquella emoción que te indica lo merecedor que te crees de algo que desees realmente.**

Los síntomas o efectos más comunes de la baja autoestima son:

Actitud negativa.
Culpa.
La crítica.

Compararse con los demás.
Falta de confianza en sí mismo.
Miedos exagerados.
Bajo rendimiento.
Visión distorsionada de uno mismo y de los demás.
Perfeccionismo.
Sentimientos de tristeza o depresión.
Una vida personal infeliz.

¿En cuál te reconoces, amado ser humano?...

¡¡¡Pues muchísimas felicidades amado ser humano, porque si estás perdido, estás destinado a encontrarte. Porque si no te hubieras perdido no podrías encontrarte!!!

"Cuenta una leyenda que Dios tomó forma de mendigo y bajó al pueblo.
Buscó la casa del zapatero y le dijo: hermano, soy muy pobre, no tengo ni una sola moneda encima, éstas son las únicas sandalias que poseo y están rotas, si me hicieras el favor de,,,
zapatero: estoy cansado de que todos vengan a pedir y nadie a dar,,,
Dios: yo puedo darte lo que tú necesitas,,,
zapatero: ¿podrías darme un millón de dólares que necesito para ser feliz?
Dios: yo puedo darte 10 veces más que eso, pero a cambio de algo,,,
zapatero: ¿a cambio de qué?,,,
Dios: a cambio de tus piernas,,,
zapatero: para qué quiero yo 10 millones de dólares si no voy a poder caminar,,,
Dios: bueno, puedo darte 100 millones de dólares a cambio de tus brazos,,,

zapatero: ¿para qué quiero yo 100 millones de dólares, si ni siquiera voy a poder comer solo?,,,
Dios: pues puedo darte 1000 millones de dólares por tus ojos,,,
zapatero: (se lo pensó un poco y contestó),,, para qué quiero yo 1000 millones de dólares si no podré ver a mis seres queridos,,,
Dios: ¡¡¡hermano, hermano, qué fortuna tienes y no te das cuenta!!!"

(Facundo Cabral, 1937, Argentina-2011, Guatemala. Importante Cantautor, poeta, escritor y filósofo argentino)

No importa el tipo de vida que hayas vivido, o el tipo de padres o la educación o cualquier pasado que hayas tenido. **Lo más importante en la vida es el modo en que tú te amas y te aceptas a pesar de todas las dificultades que encuentres en el camino**, pues ello determina los momentos futuros que te esperan.

Un futuro donde lo mejor se hará realidad, una vez superes tu baja autoestima, la cual no te deja ver que TÚ YA ERES ABUNDANTE y luego SUPÉRATE HASTA LOGRAR TUS OBJETIVOS, causalmente los títulos de mis próximos libros, que te invito a seguir y donde continuaré guiándote hacia todos tus mayores anhelos de vida.

La baja autoestima se sustenta mucho más en creencias que en hechos y lo bueno es que **LAS CREENCIAS SÍ SE PUEDEN CAMBIAR**, como ya sabes.

El apóstol San Pablo reconocía este hecho en Romanos 12:2 de la Biblia, cuando decía: **"SOMOS TRANSFORMADOS POR LA RENOVACIÓN DE NUESTRAS MENTES"**.

Yo me amo, ¿Y TÚ?

**¡¡¡Amado ser humano, yo te puedo dar
las claves del mismo camino que recorrí,
pero no puedo recorrer el camino por ti!!!**

**¡¡¡En última instancia depende de ti,
de tu disciplina, paciencia y constancia!!!**

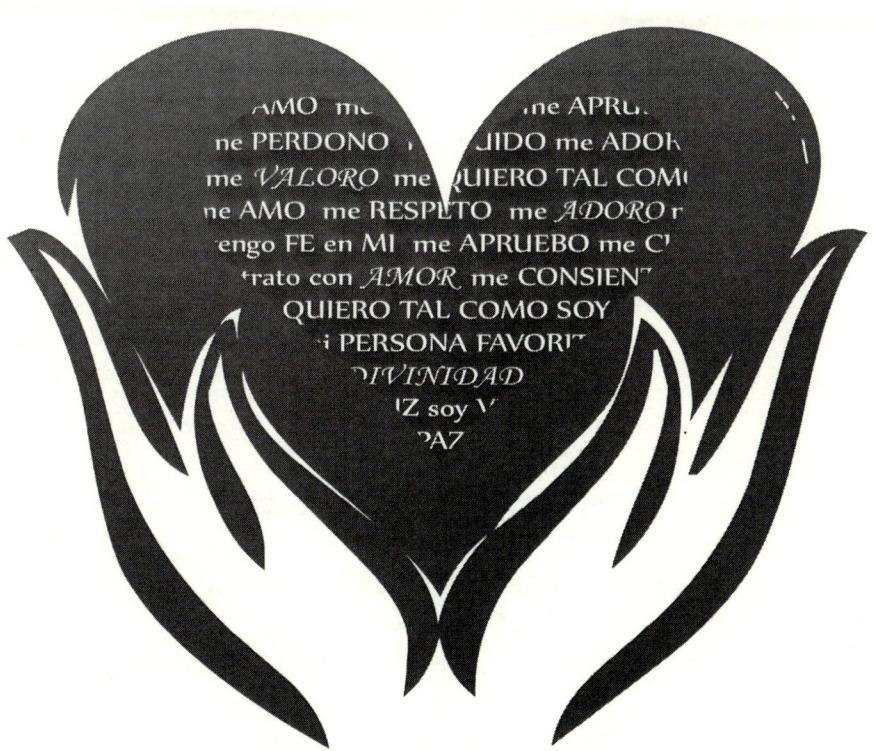

¡¡¡ TE AMO,,, FRANCISCO MIGUEL VEGA CASTELLANO!!!

¡¡¡Porque contrarrestando la baja autoestima conseguirás:!!!

Mantener un buen estado de salud

Evitar estrés, ansiedad o depresión

Ser la persona que realmente quieres ser

Sentirte feliz y fomentar tu bienestar

Tendrás más estabilidad emocional

Mantener la confianza en ti mismo

La vida te resultará más sencilla
Permanecer tolerante

Disfrutar más de los demás

Ofrecer más de tí mismo al mundo

Fomentar y tener mejores relaciones personales

Podrás conseguir logros

¡¡¡Amado ser humano!!!

¡¡¡En el siguiente y último capítulo vamos a liberar esas viejas creencias!!!

¡¡¡Estoy muy emocionado por lo que vas a descubrir a continuación!!!

¡¡¡Cada vez estás más cerca de tu libertad personal!!!

> "Adopta la decisión personal de enamorarte de la persona más
>
> hermosa, incitante y digna...
>
> ¡¡¡TÚ!!!"
>
> Wayne W. Dyer: 1940-2015, EEUU.
> Influyente escritor y psicólogo estadounidense.

¡¡¡TE AMO,,, FRANCISCO MIGUEL VEGA CASTELLANO!!!

¡¡¡ TE AMO,,, FRANCISCO MIGUEL VEGA CASTELLANO!!!

CAPÍTULO 3: SOLUCIÓN A LA BAJA AUTOESTIMA

"Cada problema tiene en si la semilla de su propia solución. Si usted no tiene ningún problema, no va a tener ninguna semilla".

(Norman Vincent Peale, 1898-1993, Estados Unidos. Escritor, editor y orador motivacional estadounidense, autor de El Poder del Pensamiento Positivo y creador de la teoría del pensamiento positivo).

Amado ser humano, si has llegado hasta aquí es porque tú también tienes dentro de ti esa semilla y que germinará dando el fruto o solución a la baja autoestima que te aqueja.

No me hubiera quedado totalmente satisfecho con este libro si no hubiese podido mostrar una solución a esa baja autoestima, como el método que a continuación propongo. ¿Recuerdas con qué palabras lo comencé? No pasa nada si no las recuerdas, te las reproduzco. Son éstas:

> Éste no es un libro cualquiera. **No persigo solo vender. ¡¡¡Es mucho más!!!**

Francisco Miguel Vega Castellano

> **¡¡¡ESTE LIBRO LO ESCRIBÍ PARA TI,
> PORQUE TÚ ERES MI PROPÓSITO DE VIDA,
> TE AMO!!!**

<u>¿Comprendes ahora esas palabras, amado ser humano?</u> Aunque la teoría tiene como finalidad alcanzar un resultado, **me quedo más satisfecho si te impulso a la acción y muchísimo más si actúas, hasta conseguir elevar tu autoestima hacia cotas insospechadas.**

Pero ello luego **depende de ti, de tu disciplina, paciencia y constancia. Ya sabes que todo tiene un precio.** Nuestra más importante relación es con nosotros mismos, y la convivencia con nosotros mismos es la relación a la que menos tiempo y esfuerzo dedicamos.

La que menos solemos tomar en serio y la más importante de todas las áreas de nuestra vida. Lo más importante es lo que tú piensas de ti mismo, no lo que los demás piensan de ti. <u>Eres responsable de pensar libremente lo que creas conveniente.</u> Has nacido para ser libre, por ello es que se te dotó de un libre albedrío.

Tener una alta autoestima es de vital importancia para la vida personal, social y profesional. Favorece el sentido de la propia identidad, constituye un marco de referencia desde el que interpretar la realidad externa y las propias experiencias, influye en el rendimiento, condiciona las expectativas y la motivación y contribuye a la salud y al equilibrio psíquicos.

La persona con la que más convives durante toda tu vida eres tú. **Nuestra más importante relación es con nosotros mismos**, y la convivencia con nosotros mismos es la relación a la que menos tiempo y esfuerzo dedicamos. La que menos solemos tomar en serio y la más importante de todas las áreas de nuestra vida.

La autoestima juega un importante papel en la vida de las personas. Los éxitos y los fracasos, la satisfacción de uno mismo, el bienestar psíquico y el conjunto de relaciones sociales llevan su sello.

Lo que pensamos de nosotros mismos puede llegar a ser verdad para nosotros, que **todos somos responsables en un cien por ciento de todo lo que nos sucede**, de lo mejor y de lo peor. Porque cada cosa que pensamos está creando nuestro futuro, es decir, cada uno de nosotros crea sus experiencia con lo que piensa y siente.

Y esto nos abre enormes posibilidades de cambio porque **en nuestras mentes los únicos que pensamos somos nosotros.** Cuando creamos paz, armonía y equilibrio en nuestras mentes, los encontramos en nuestras vidas.

Se puede cambiar la autoestima de una persona. Es sencillo, pero no fácil. Sencillo, porque es bastante claro y entendible cómo hacerlo, el método que hay que desarrollar.

Pero no fácil porque significa darse un vistazo profundo a uno mismo para detectar aquellos pensamientos que nos inmovilizan y luego se requiere la firme determinación a través de la paciencia, disciplina y constancia para modificarlos. **¡¡¡Es el precio que hay que pagar, como todo en la vida!!!**

<u>Hasta llegar a conseguir que todo el tiempo te digas adjetivos agradables hacia tu persona. Incluido la parte más dura, ese 90% de tiempo en que estamos pensando mecánicamente o inconscientemente,</u> como expliqué en el apartado de la programación mental.

Y amado ser humano, ello lleva su tiempo, porque he de hablarte claro. Piensa que los años que tienes son los que llevas reforzando una programación bien distinta y entonces los patrones de pensamientos que has construido hasta ahora son imposibles cambiarlos de la noche a la mañana.

El cambio es un proceso, el mismo que utilizaste en crear esa vieja programación. ¿Verdad que no se formó tampoco de la noche a la mañana? Pero con esa disciplina y constancia lo acortaremos con el método que te propongo. El resultado, sin duda, valdrá el esfuerzo realizado. Ese será su precio.

Antes de pasar al siguiente subcapítulo donde te pondré en conocimiento el método que propongo, **te comparto casos impresionantes de personas que superaron su baja autoestima porque creyeron en sí mismos.** Se levantaron admirablemente a pesar de los rechazos que sufrieron o por las etiquetas que por otros les fueron impuestas:

Un día, un niño pequeño llamado Thomas A. Edison, llegó a casa de la escuela y entregó a su mamá un papel y le dijo: "mamá, mi maestro me dio este papel, me dijo que te lo diera y que tan sólo tú podías leerlo;

¿qué es lo que dice?, le preguntó.

Sus ojos se llenaron de lágrimas mientras leía la carta en voz alta a su hijo: "Su hijo es un genio. Esta escuela es demasiado pequeña para él y no contamos con maestros suficientemente buenos para enseñarle. Por favor, edúquelo usted misma".

Su madre se dedicó a ello en cuerpo y alma, hasta que enfermó y murió. Muchos años después de que su madre falleciera, Thomas Edison se convirtió en uno de los inventores más importantes del siglo.

Un día, revisando en viejos archivos encontró la carta que años antes el maestro escribió a su mamá y la abrió. El mensaje decía: "Su hijo es mentalmente deficiente. No podemos permitir que asista a nuestra escuela. Está expulsado".

Thomas se emocionó muchísimo y plasmó en su diario estas palabras:

"Thomas A. Edison era un niño con deficiencias mentales a quien su madre convirtió en el genio del siglo".

"Unas palabras positivas de ánimo y confianza pueden transformar por completo la vida de alguien"

A sus 9 años, dos niños blancos le anunciaron que no estaban autorizados a jugar con él. Luther King, activista vital en la lucha antirracista.

Una madre soltera y con muchas deudas, agarró un bolígrafo y comenzó a escribir. J.K. Rowling, autora del bestseller "Harry Potter".

Le dijeron que un negro estaba destinado solo a cocinar y limpiar. Carl Brashear, primer afroamericano en convertirse en maestro de buceo de la marina de los EEUU.

Nació sin brazos ni piernas, luchó con la depresión y la soledad cuando se preguntó por qué era diferente de los demás. Nick, empresario y exitoso motivador internacional.

Un día se presentó a una autoridad de su tiempo un hombre con un martillo en la mano que dijo: "con este instrumento quiero hacer obras de arte que todo el mundo vendrá a ver". Lo pusieron gentilmente en la calle. Miguel Angel, considerado uno de los grandes artistas de la humanidad.

Fue un estudiante mediocre y logrando a duras penas pasar el exámen de admisión a la universidad. Gandhi, héroe hindú.

Trabajó como peón en el campo y fue pastor de ovejas hasta los 12 años. Discriminado por su condición indígena. Benito Juárez, importante expresidente de México que consolidó la República.

A los 12 años encontró su vocación. Madre Teresa, monja humanista que dejó enseñanzas de amor.

Dormía en albergues y baños públicos con su hijo pequeño. Chris Gardner, millonario emprendedor y conferencista motivacional.

Tardó mucho tiempo en hablar y sus padres creyeron que sufría retraso. Albert Einstein, premio Nobel de Física y padre de la física cuántica.

Una disquera los rechazó porque consideró sonaban mal y estaban fuera de moda. Los Beatles, la banda sonora más famosa de todos los tiempos.

Fue rechazada del coro de la escuela por su pronunciado vibrato. Shakira, cantante y compositora internacional.

Tuvo que aceptar alimentos de una asociación caritativa para que su familia pudiese cenar en Navidad. Anthony Robbins, motivador internacional de éxito.

Yo me amo, ¿Y TÚ?

¡¡¡Amado ser humano, podría continuar la lista. Son miles los casos conocidos!!!

¿Y si ellos superaron sus respectivas bajas autoestimas derivadas de grandes adversidades, por qué tú no vas a poder ser uno más de la lista?

¡¡¡Nadie te va a amar más que tú mismo!!!

"Hay un estado de bienestar y de plenitud que todos anhelamos podemos vivir en cada momento,,, no lo postergues"

¡¡¡ TE AMO,,, FRANCISCO MIGUEL VEGA CASTELLANO!!!

*RUTINA DIARIA.

Amado ser humano, me entusiasma no sabes cuánto, haber llegado a este punto. Y ya no solo porque al fin, <u>vas a conocer las herramientas, la mayor parte de las cuales me ayudaron decisivamente en mi proceso de cambio, hasta conseguir el objetivo de la alta autoestima.</u> Sino también, porque **si has llegado hasta aquí es gracias a que has vencido todas las resistencias mentales habidas y por haber. Te has propuesto seriamente encontrar un cambio para tu vida.**

¡¡¡Te lo mereces, eres grande!!!

¡¡¡INFINITAS FELICIDADES, AMADO SER HUMANO!!!

Pero hay que continuar, no puedes "dormirte". **Si no avanzas hasta alcanzar el objetivo final, no habrá valido de nada llegar hasta aquí.** Vamos allá entonces y conozcamos esas 12 herramientas poderosas con las que vas a conseguir alcanzar tu merecida alta autoestima.

> "Porque nadie puede saber de ti. Nadie puede crecer por ti. Nadie puede buscar por ti. Nadie puede hacer por ti lo que tú mismo debes hacer. La existencia no admite representantes"
>
> (Jorge Bucay, 1949, Argentina. Importante escritor de crecimiento personal y especialista en enfermedades mentales)

1ª HERRAMIENTA: TU ACTITUD AL DESPERTAR MARCA EL NUEVO DÍA.

> "(...) Hoy el día se presenta ante mi esperando a que yo le de forma y aquí estoy, soy el escultor. Lo que suceda hoy depende de mi. Yo debo escoger qué tipo de día voy a tener. Que tengas un gran día,,, al menos que tengas otros planes"
>
> (Mario Benedetti, Uruguay, 1920-2009. Importante escritor, poeta y dramaturgo, integrante de la Generación del 45)

Amado ser humano, ¿sabías que la actitud con la que comiences o enfoques el nuevo día es determinante para el devenir del mismo? Es un momento clave. Aquí vamos a utilizar **unas oraciones y una meditación, a realizarlas antes de levantarte, en la misma cama o antes de emprender el día a día.**

1.1 Oraciones.

Acomódate en alguna posición que no te haga recaer en la somnolencia para conectar con el Creador. Luego, en paz, centrado y en silencio, recita sintiendo las frases siguientes:

"Gracias gracias gracias Creador (o Dios, Padre, Universo, etc.) por este nuevo día, fantástico, sensacional, extraordinario que me has regalado y donde todo me fluye maravillosamente bien",,,

"Gracias gracias gracias Creador (o Dios, Padre, Universo, etc.) por éste sueño reparador que he tenido (aunque no haya sido así, porque fue lo mejor para ti y atraerás lo que agradeces)",,,

"Gracias gracias gracias Creador (o Dios, Padre, Universo, etc.) por éste regalo de valor infinito que me has regalado como es la vida, ser madre o padre y los benditos hijos que tengo (según los casos)",,,

"Gracias gracias gracias Creador (o Dios, Padre, Universo, etc.) por la creación del Universo, la humanidad, mi creación y la de mis seres queridos",,,

"Gracias gracias gracias Creador (o Dios, Padre, Universo, etc.) porque creaste a la humanidad a tu imagen y semejanza, nos amas, nos iluminas, nos muestras los caminos, siempre quieres concedernos favores y nos proteges".

Puedes continuar si lo deseas con otras oraciones más específicas, pero como mínimo recita las anteriores que engloban al resto.

También, antes de acostarte te recomiendo recitar una serie de frases que has de personalizar: "agradeciendo al Creador el día disfrutado" y "perdonándote, perdonando a terceros y pídiendo perdón"; luego quédate dormido con tus sueños de éxitos.

1.2 Meditación.

"La meditación nos brinda experiencias que la mente no puede alcanzar de otra manera, como el silencio interior y una conciencia expandida"

(Deepak Chopra, 1946, India. Prestigioso médico, escritor y conferencista hindú)

Como se observa, amado ser humano, nuevamente ciencia y espiritualidad se dan la mano.

La palabra "meditación" proviene del latín "meditatio", que originalmente indica un tipo ejercicio intelectual. Meditar, desde el punto de vista en que la vamos a utilizar, es la **disciplina mediante la cual relajamos la mente hasta liberar la conciencia con el fin de dejar de pensar o en un principio, pensar lo menos posible.**

Antes de exponer la práctica es muy importante comentar que este ejercicio tiene **dos beneficios** claros, referente al tema que tratamos:

A). Por una parte, apartamos la atención de pensamientos habituales de cuando estamos conscientes. **"Dejamos de pensar"** para **"luego pensar mejor, libre de condicionamientos, más refinado, observando los fenómenos tal y como suceden".** Nos permite experimentar fácilmente niveles puros de estados de conciencia y cualidades innatas espirituales.

Poco a poco, aprenderás a desprender de tu espíritu las preocupaciones del día a día, las emociones y las contrariedades. Es decir, a dar una jerarquía por orden de importancia a tus "problemas" y después a dominar las situaciones e integrarlas en tu vida para hacerla más fácil. La práctica enseña a la práctica.

B). Y por otra parte, meditando, que es el acto de meditar, seguimos el camino que **nos conduce a conectar más nítidamente con nuestro Ser, con nuestra Esencia y por lo tanto con el Creador, porque todos somos uno.**

Comenzamos y cada vez más, a poner orden en nuestro interior, encauzamos las corrientes impetuosas de la existencia, **a aprender a vivir el momento presente**, fortalecerlo, penetrar en el "estado" de vacío mental.

Según vayas progresando, notarás que puedes meditar en cualquier momento y en cualquier lugar, con lo cual lograrás paz pase lo que pase a tu alrededor, lo que te permitirá comenzar tu viaje hacia la luz.

Llegarás a no pensar en nada o no le darás demasiada importancia, pero es a partir de esos momentos de relajación real cuando comienza el trabajo profundo sobre los tres planos: físico, mental y espiritual. Un día, te darás cuenta de que, por unos momentos, no has pensado más que en la respiración, en tu cuerpo y en nada más. Otro día, ocurrirá igual durante algo más de tiempo.

> **AL ACALLARSE TU MENTE COMIENZAS A ESCUCHAR**
>
> **LA VOZ DEL CREADOR A TRAVÉS DE TU ALMA**

*"Si cierro los ojos y hago silencio,
mi corazón comprende lo que mi mente no entiende"*

(Julio Bevione, 1972, Argentina. Periodista, coach y escritor espiritual argentino)

Y amado ser humano, en ese perfecto lazo de conexión con el Creador fluye toda la abundancia para ti, a través de tu Alma, que es la intermediaria entre tú y el Creador. Él se expresa a través de **tu Alma. Esa es la voz que hay que escuchar y no la de la mente, contaminada.**

Ahora sí, vayamos a **la práctica**, ¡¡¡cómo se consigue esa conexión!!!

A diferencia de las recitaciones de las oraciones, para la práctica de la meditación sí se recomienda sentarse, para no predisponerse al sueño.

En la cama, pegando tu espalda a la cabecera o bien efectuarla en el suelo, sobre una alfombrilla. Viste ropa cómoda, deshazte de objetos ajustados a tu cuerpo y descalzado. Así mismo, ten el proceso digestivo finalizado.

La primera práctica podría tener una duración de 5 minutos e ir subiendo conforme vayas perseverando, hasta llegar a un mínimo de 20 minutos aconsejables. Siéntate bien derecho, con la espalda recta, pero no rígida, la cabeza en el eje de la columna vertebral y las piernas cruzadas.

Posición de meditación o de sastre, en yoga

"En el silencio recordarás lo que tu alma ya sabe"

La primera práctica podría tener una duración de 5 minutos e ir subiendo conforme vayas perseverando, hasta llegar a un mínimo de 20 minutos aconsejables. Siéntate bien derecho, con la espalda recta, pero no rígida, la cabeza en el eje de la columna vertebral y las piernas cruzadas.

Cierra o semicierra los ojos. Las manos apoyadas sobre las rodillas, livianas. Relájate, pero sin pensar demasiado en ello. La relajación de los músculos vendrá progresivamente. Toma consciencia del momento y lugar preciso en que estás. Es importante ser consciente del "aquí y ahora".

Comienza realizando varias respiraciones abdominales, o sea, llevando el aire al abdomen, inspirando y expirando por la nariz. Después continúa respirando tranquilamente. Céntrate únicamente en la entrada y salida del aire por la nariz. Ten una actitud mental positiva.

Es importante te repitas mentalmente: ¡¡¡actitud mental positiva, todo está bien en mi vida, no pasa nada, solo estoy atento a la entrada y salida del aire por la nariz y ecuánime!!!

Colócate la mano derecha en el corazón y di mentalmente: ¡¡¡yo soy en mi, invoco a mi Alma!!! Repite esta frase varias veces hasta, por lo general un máximo de tres, espaciadas, hasta que percibas su presencia. Sabrás claramente su llegada porque sentirás paz y una perfección interna indescriptible.

Cada vez te será más sintonizar con tu Alma. Agradece su llegada diciendo mentalmente: ¡¡¡gracias gracias gracias mi Alma que estás aquí, por todo lo que haces por mi, por ser un puente perfecto entre el Creador y yo, iluminándome los caminos; te amo mucho!!!

Las frases las podrás ir variando y añadiendo otras conforme lo sientas y a medida que persistes en las meditaciones. Siempre en la misma posición, conservando el corazón como punto central, prioriza y esfuérzate siempre en estar atento a la entrada y salida del aire por la nariz. Escucha y céntrate cada vez más en ese ritmo armonioso de la entrada y salida del aire por la nariz. Y vuelta a empezar. Piensa solo en tu respiración regular, en la majestad de tu postura.

Las manos están flojas sobre las rodillas, la columna vertebral sigue derecha. Espira e inspira siempre por la nariz. Pensamientos surgen de

tu imaginación, pero lo expulsas al espirar, no le hagas caso, son nubes de energía y se irán. Cada vez menos pensamientos te van a invadir.

Termina la práctica diciendo mentalmente: ¡¡¡gracias gracias gracias mi Alma por estos minutos de profundo acercamiento; te pido me sigas iluminando los caminos y que las señales que envíes me sean cada vez más perceptibles!!!

Finalmente disponte a salir del estado en que te encuentras, despacio, moviendo todos tus músculos. Como en todo, la práctica regular te llevará a disciplinar tus pensamientos, con lo que accederás naturalmente a la meditación.

> "Suavemente y con mucho amor, continúo recordándote sin cesar las cosas que realmente importan en la vida, para que terminen por formar parte de tu vida, que vivan, se muevan y formen parte de tu ser".
>
> (Eileen Caddy, prestigiosa maestra espiritual escocesa; Egipto 1917 – Escocia 2006)

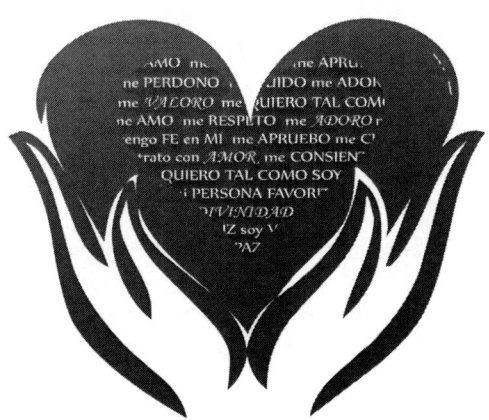

¡¡¡ TE AMO,,, FRANCISCO MIGUEL VEGA CASTELLANO!!!

2ª HERRAMIENTA: RECONOCE TUS PENSAMIENTOS DESTRUCTIVOS.

"Tu mente siempre recuerda lo malo, lo difícil, lo negativo. Recuérdale tú a ella tu grandeza, tu intensidad, tu pasión, tu fortaleza".

(Jorge Álvarez Camacho. Actual pedagogo y escritor español, guionista de televisión y conferencista internacional)

El primer paso para cambiar nuestro estado de creencias es ser humildes y tomar consciencia de todas esas mentiras que te dices de ti, cuestionándotelas. No se puede cambiar algo si antes no lo identificamos o reconocemos.

Amado ser humano, recuerda que eres un ser especial, te lo mereces, hay un plan divino para ti, has de creerte merecedor de lo mejor en la vida, has venido a brillar, desplegando EL PODER QUE YA SE TE DIÓ y QUE ESTÁ DENTRO DE TI, pero,,,

¡¡¡TU CAMBIO COMIENZA POR SER HUMILDE!!!

A esa HUMILDAD se refería mi amado Maestro Jesús en su capital frase:

> **BIENAVENTURADOS LOS HUMILDES,**
>
> **PORQUE DE ELLOS ES EL REINO DE LOS CIELOS**
> (La Biblia, Mateo 5:3)

¿Recuerdas la cuestión que te planteé en el capítulo 1º, a cerca de **lo que tú piensas que eres**? Pues llegó el momento de contestar a esa cuestión. Comencemos con un ejercicio bastante sencillo y a la vez bastante productivo.

Si deseas tener éxito en la vida, el primer paso es teniendo éxito en ti mismo, **cambiando tu autoestima**. La mente necesita argumentos lógicos y racionales para que colabore en el cambio.

Vamos entonces a servirle concreción, identificación, enfoque, claridad y no dando vueltas en su caos mental, difuso y confuso; reconociendo por escrito esos pensamientos negativos que te limitan.

Para ello, cumplimenta el formato de abajo con una lista de 33 pensamientos negativos que te cuentas de ti, reflejando cada uno de ellos en los respectivos renglones enumerados a los efectos. Además, al exteriorizarlos te vas a liberar sintiéndote cada vez más aliviado.

Pon tu máximo esfuerzo en llegar a los 33, si no consigues llegar a esos 33, esfuérzate aún un poco más hasta completarlos.

"No temas, porque yo estoy contigo; no desmayes, porque Yo Soy tu Dios que te esfuerzo; siempre te ayudaré, siempre te sustentaré con la diestra de mi justicia" (Biblia; Isaías 41:10).

Hay que realizar la misma operación durante 33 días ininterrumpidos para lograr una eficacia en el cambio de programación mental. Si incumples, aunque sea un día, la elaboración de la lista, has de comenzar de nuevo el proceso hasta completar los 33 días consecutivos.

Continúa este proceso diario en el libro de ejercicios diseñado al efecto y que acompaña a este libro, o si lo deseas, en un block o libreta de trabajo, respetando la estructura de la herramienta establecida.

Si recuerdas algún nuevo pensamiento destructivo añádelo, a la vez que elimina aquellos que cesan.

Hasta ahora sabemos que solemos tener una idea preconcebida de quienes somos en función de nuestras experiencias a lo largo de la vida, sobre todo de las primeras, las de la infancia.

Aquéllo que vivimos en la niñez (amor, cobijo, rechazo, desamparo, etc.) fue la materia prima que nos sirvieron para desenvolvernos y adaptarnos al medio que nos tocó vivir. Las cosas que aprendimos en aquel momento quedaron poderosamente instaladas en el subconsciente.

Y en torno a ellas también construimos nuestras primeras redes neuronales. De ésto se trata, amado ser humano. De crear nuevas conexiones neuronales tras concluir los 33 días ininterrumpidos de repetición.

<u>La psicología moderna desarrolla la idea de plasticidad cerebral y los últimos avances sobre citada teoría han llegado a la conclusión de que para instaurar un nuevo hábito necesitamos alrededor de 33 días de repetición consecutivos del nuevo hábito, tras los cuales habremos modificado y reconfigurado la estructura cerebral, habiéndose establecido nuevas conexiones en los circuitos neuronales.</u>

Tras el nuevo aprendizaje establecido y las diferentes conexiones neuronales elaboradas, es necesario reforzar la pauta aprendida por la repetición, proceso necesario para reforzar la nueva configuración cerebral.

EL HÁBITO SE APRENDE CON REPETICIÓN CONSTANTE

También la Numerología, disciplina que estudia la vibración energética de los números y su influencia sobre personas, empresas, anima-

les, objetos, etc. coincide en la magia del número 33. Es un número maestro, lo que significa que no puede ser reducido. Pero además, el 33 es muy especial entre los maestros porque supone un equilibrio.

Ten presente que todos los números se reducen a una cifra con excepción de los números maestros entre los que se encuentra el número 33. Las personas cuya vida es regida por el 33 son extraordinarias y pueden aportar mucho a todos aquellos que las rodean.

Tenemos muchos ejemplos de la importancia histórica del número 33. La Biblia asegura que el rey David reinó en Jerusalén durante 33 años y que Jesús tenía 33 años cuando murió en la cruz.

También se afirma que el hinduismo cuenta con 33 mil dioses y que en el Islam los musulmanes creen que los habitantes del cielo existen eternamente con una edad de 33 años. Además, los mismos musulmanes disponen de 33 perlas para la oración.

En la Masonería el 33 significa el máximo grado masón del Rito Escocés, concebido en 1801 con la creación del Supremo Consejo Supremo en Charleston, Carolina del Sur, situado a 24 kms. al sur del paralelo 33, lugar donde también se habrían producido los primeros disparos de la Guerra Civil estadounidense.

Curiosamente en el mismo paralelo 33 también se encuentra la localidad de Warm Springs, Georgia, donde se encontraba la casa del presidente de los EE.UU. Franklin D. Roosevelt, quien falleció allí en 1945 a causa de una hemorragia cerebral. Después de su muerte, Harry S. Truman, masón de grado 33, se convirtió en el Presidente de los Estados Unidos número 33.

Alejandro Magno, el mayor conquistador del mundo antiguo, murió a los 33 años. El Papa Juan Pablo I, murió misteriosamente 33 días después que fuera nombrado Sumo Pontífice.

El poeta Dante Alighieri divide a las tres partes de "La Divina Comedia" (Infierno, Purgatorio y Paraíso) en 33 cantos cada una. El pintor Miguel Ángel habría comenzado a pintar la Capilla Sixtina a los 33 años.

Una de las obras más conocidas del arquitecto español Antonio Gaudí es el llamado "cuadro mágico", un cuadro donde se observa una variedad de números del 1 al 15 que sumados de cualquier manera, ya sea horizontal, vertical o diagonal, siempre dan 33. El famoso pintor estadounidense Jackson Pollock además pintó en 1949 un cuadro llamado "Number 33".

El mundialmente conocido parque de entretenciones fue concebido originalmente por Walt Disney, de quien se asegura por muchos que era masón en grado 33. Este parque está ubicado a lo largo del paralelo 33, una zona que para muchos tiene un gran poder energético.

En el interior del complejo se encuentra el denominado Club 33 o club de ricos, creado en 1964 por el mismo Walt Disney e integrado por famosos políticos, presidentes y celebridades. Ubicado en la calle 33 Royal Street, además de ser un lugar totalmente VIP (se dice que el plazo de espera para ingresar al club es de 14 años), tiene la particularidad de ser el único lugar en Disneylandia donde se puede pedir una bebida con alcohol.

El mensaje que los 33 mineros chilenos mandaron al exterior cuando se encontraban atrapados al interior de esta mina ("Estamos bien en el refugio los 33") tiene 33 caracteres contando los espacios y sin contar las comillas. La perforadora tardó 33 días en terminar el túnel por donde se inició su rescate, el que se produjo el día 13/10/10, cifras que sumadas también dan 33.

El ducto de 622 metros de extensión por donde pasó la cápsula que llevó a los 33 mineros a la superficie tenía un diámetro de 66 centímetros, número que partido en dos da 33. Y la cobertura del caso habría estado a cargo de 350 medios provenientes de 33 países.

Amado ser humano, hay muchos más ejemplos que certifican la majestuosidad del número maestro 33. Pero, sin ir más lejos, también realicé las herramientas que te propongo y donde hay que realizar procesos con una duración de 33 días ininterrupidos.

Lo estudié, creí en ello, lo apliqué, me funcionó y es por lo que te lo propongo y sé que si lo realizas convenientemente, también te funcionará. Tras la duración ininterrumpida, adquieres el nuevo aprendizaje, pero que luego no has de descuidarte, debiéndolos reforzar cotidianamente. Sólo sería el comienzo.

Palabras de oro las del afamado histólogo español, Santiago Ramón y Cajal (1852 – 1934) :

<u>"Todo hombre puede ser, si se lo propone, escultor de su propio cerebro"</u>

¡¡¡Hay que limpiar todo tu subconsciente de pensamientos negativos!!!

Lo más probable es que en este momento tu mente te esté dando un sinfín de motivos o excusas para que no realices el ejercicio.

<u>¡¡¡Sabes qué,,, enhorabuena, porque eso es una prueba irrefutable que estás en el buen camino!!!</u>

Porque es normal que la mente siempre intente sabotearte para mantenerte en la zona de confort que creó con una programación, creencias o patrones de pensamientos, para poder controlarte y si la sacas hacia una zona desconocida para ella, siempre te lo va a impedir de muchas formas.

¡¡¡Así que bravo por tu valentía y vayamos a realizar el ejercicio!!!

LA VERDAD OS HARÁ LIBRES
(La Biblia; Juan 8:31-38)

<u>Esfuérzate en recordar esos pensamientos que te están dañando, sé humilde, valiente, confiésate la verdad, es por ti, por tu libertad, al final valdrá la alegría:</u>

PRIMER DÍA, FECHA: _____

1.- YO ME DIGO QUE SOY _____
2.- YO ME DIGO QUE SOY _____
3.- YO ME DIGO QUE SOY _____
4.- YO ME DIGO QUE SOY _____
5.- YO ME DIGO QUE SOY _____
6.- YO ME DIGO QUE SOY _____
7.- YO ME DIGO QUE SOY _____
8.- YO ME DIGO QUE SOY _____
9.- YO ME DIGO QUE SOY _____
10.- YO ME DIGO QUE SOY _____
11.- YO ME DIGO QUE SOY _____
12.- YO ME DIGO QUE SOY _____
13.- YO ME DIGO QUE SOY _____
14.- YO ME DIGO QUE SOY _____
15.- YO ME DIGO QUE SOY _____
16.- YO ME DIGO QUE SOY _____
17.- YO ME DIGO QUE SOY _____
18.- YO ME DIGO QUE SOY _____
19.- YO ME DIGO QUE SOY _____
20.- YO ME DIGO QUE SOY _____
21.- YO ME DIGO QUE SOY _____
22.- YO ME DIGO QUE SOY _____
23.- YO ME DIGO QUE SOY _____
24.- YO ME DIGO QUE SOY _____

25.- YO ME DIGO QUE SOY _____
26.- YO ME DIGO QUE SOY _____
27.- YO ME DIGO QUE SOY _____
28.- YO ME DIGO QUE SOY _____
29.- YO ME DIGO QUE SOY _____
30.- YO ME DIGO QUE SOY _____
31.- YO ME DIGO QUE SOY _____
32.- YO ME DIGO QUE SOY _____
33.- YO ME DIGO QUE SOY _____

¿Concluiste el ejercicio? ¡¡¡Muy bien,,, fantástico,,, qué héroe eres!!!

También puede ser que aún habiéndote brindado tu máximo esfuerzo no hayas llegado a los 33 que te pedí. No importa, lo importante es la intención, se "hace camino al andar", lo diste todo.

O puede suceder que no tengas tantos pensamientos negativos sobre ti. De todas formas, si más adelante recuerdas algún otro pensamiento negativo que te dices no dudes venir al ejercicio y reflejarlo.

Si no te esforzaste al máximo, a buen seguro así te emplearás en todas las facetas de tu vida. Como hacemos una tarea hacemos el resto. **Cambia, éste es el momento. Te recomiendo hagas un último intento en completar el ejercicio con tu máximo rendimiento.**

Si habiéndolo intentado de nuevo no llegas a los 33 solicitados, pero te esforzaste al máximo de tus posibilidades, fantástico, porque diste lo máximo de ti y también puede ser que de pronto no recuerdes más pensamientos negativos de ti.

Pero si más adelante recuerdas algún otro pensamiento negativo que te dices no dudes venir al ejercicio y reflejarlo.

Si no comenzaste el ejercicio o lo dejaste a medias, este plan no va a funcionar para ti. Ya me gustaría decirte algo diferente que quizás desees, pero he de ser honesto contigo.

¿Cómo es que deseas ver resultados diferentes haciendo lo mismo que has hecho durante toda tu vida? Por lo tanto, acciones diferentes para resultados también diferentes.

¡¡¡Te animo a que lo intentes de nuevo, es por ti, por tu libertad, por toda la grandeza que a partir de ahora te espera!!!

¡¡¡VENGA, VAMOS, SIGUE, SUPÉRATE!!!

¡¡¡ TE AMO,,, FRANCISCO MIGUEL VEGA CASTELLANO!!!

3ª HERRAMIENTA: AGRADECE SIEMPRE Y ABSOLUTAMENTE TODO.

"El ser agradecido te puede cambiar desde un día hasta una vida completa.

Solo necesitas sentir las palabras cuando agradeces"

(Margaret Cousins, 1878, Irlanda–1954, India. Importante pedagoga, sufragista y teósofa)

> "LA GRAN MAESTRÍA DE LA VIDA ES CONTROLAR EL PENSAMIENTO QUE ES LO ÚNICO POR LO PODEMOS SER AFECTADOS"

El agradecimiento es la primera semilla para la abundancia. Es una de las vibraciones más altas que podemos emitir. Ser agradecido es apreciar a cada momento todo lo que nos rodea. Tanto lo bueno como lo aparentemente malo.

La gratitud es la llave que abre las puertas de la prosperidad espiritual y material en nuestras vidas. Cuando tomamos conciencia de la gratitud tomamos las riendas de nuestra propia vida.

Aunque tengas una lista de necesidades y deseos, pregúntate de qué dispones ya de lo que puedas sentirte agradecido. Busca aquellas cosas de tu vida que despierten tu gratitud, aunque al principio te parezcan insignificantes. Pronto comenzarás automáticamente a sentirte optimista y dichoso.

Amado ser humano, ¿has experimentado alguna vez regalar algo a alguien y que te lo reproche, se muestre indiferente, de mal gusto o simplemente ponga mala cara?

¿Caso afirmativo, volverías a regalarle o te lo pensarías mucho, antes?

¿Y si, por el contrario, se mostró agradecido y con una sonrisa, le volverías a regalar sin pensártelo dos veces?

Pienso que ambas respuestas están más que claras, ¿verdad?

Pues el Creador, actúa igualmente con nosotros. <u>El agradecimiento engendra más agradecimiento, como hemos visto además cuando abordé la ley de atracción, porque allí donde va tu atención y enfoque por tu pensamiento, también va tu energía, creciendo más y más. Al agradecer el Creador te envía nuevos motivos para que sigas agradeciendo.</u>

Por lo tanto, no solo no sacamos nada de quejarnos, sino que encima nos empobrecemos, pero sí sacamos mucho por agradecer siempre.

"LA GRATITUD ES RIQUEZA. LA QUEJA ES POBREZA"

Para aprender el hábito de agradecer constantemente vamos a realizar el siguiente ejercicio. Se trata de cumplimentar el formato de abajo con una lista diaria de 50 agradecimientos, reflejarlos ordenadamente sobre los renglones enumerados y realizar el proceso 33 días ininterrumpidos.

Y hay mucho más que 50 agradecimientos diarios en todo lo que te rodea. Haz de buscarlos, esfuérzate, vete creando el hábito. Mira cuántos ejemplos te facilito:

"Gracias Gracias Gracias por el nuevo día; Gracias Gracias Gracias por la salud total que disfruto; Gracias Gracias Gracias porque siempre tengo que comer, vestirme y calzarme; Gracias Gracias Gracias la gran persona que soy; Gracias Gracias Gracias porque tengo una casa para vivir; Gracias Gracias Gracias por la gran pareja que tengo y/o hijos; Gracias Gracias Gracias porque tengo mis gastos más que cubiertos; también añadir medios materiales, objetos, ambientes, etc. etc".

Solo basta echar una ojeada a tu alrededor para que seas consciente de que estás rodeado de abundancia por todas partes. Experimentarás una increíble satisfacción.

Conforme vayas recordando nuevos, con el paso de los días, añádelos a la lista junto a los fijos. Ya sabes el por qué si te saltas al menos un día, has de reanudar el proceso desde el principio con los 33 días que deben realizarse consecutivamente. Al terminar refuerza el aprendizaje adquirido perseverando con la actitud de agradecer todo y siempre.

El primer día realiza el ejercicio en el propio libro y luego continúa el proceso diario en el libro de ejercicios diseñado al efecto y que acompaña a este libro, o si lo deseas, en un block o libreta de trabajo, respetando la estructura de la herramienta establecida.

¡¡¡Vamos allá!!!

PRIMER DÍA, FECHA: _____

1. Gracias Gracias Gracias por _____
2. Gracias Gracias Gracias por _____
3. Gracias Gracias Gracias por _____
4. Gracias Gracias Gracias por _____
5. Gracias Gracias Gracias por _____

6. Gracias Gracias Gracias por _____
7. Gracias Gracias Gracias por _____
8. Gracias Gracias Gracias por _____
9. Gracias Gracias Gracias por _____
10. Gracias Gracias Gracias por _____
11. Gracias Gracias Gracias por _____
12. Gracias Gracias Gracias por _____
13. Gracias Gracias Gracias por _____
14. Gracias Gracias Gracias por _____
15. Gracias Gracias Gracias por _____
16. Gracias Gracias Gracias por _____
17. Gracias Gracias Gracias por _____
18. Gracias Gracias Gracias por _____
19. Gracias Gracias Gracias por _____
20. Gracias Gracias Gracias por _____
21. Gracias Gracias Gracias por _____
22. Gracias Gracias Gracias por _____
23. Gracias Gracias Gracias por _____
24. Gracias Gracias Gracias por _____
25. Gracias Gracias Gracias por _____
26. Gracias Gracias Gracias por _____
27. Gracias Gracias Gracias por _____
28. Gracias Gracias Gracias por _____
29. Gracias Gracias Gracias por _____
30. Gracias Gracias Gracias por _____
31. Gracias Gracias Gracias por _____
32. Gracias Gracias Gracias por _____
33. Gracias Gracias Gracias por _____
34. Gracias Gracias Gracias por _____
35. Gracias Gracias Gracias por _____
36. Gracias Gracias Gracias por _____
37. Gracias Gracias Gracias por _____
38. Gracias Gracias Gracias por _____
39. Gracias Gracias Gracias por _____
40. Gracias Gracias Gracias por _____

Yo me amo, ¿Y TÚ?

41. Gracias Gracias Gracias por _____
42. Gracias Gracias Gracias por _____
43. Gracias Gracias Gracias por _____
44. Gracias Gracias Gracias por _____
45. Gracias Gracias Gracias por _____
46. Gracias Gracias Gracias por _____
47. Gracias Gracias Gracias por _____
48. Gracias Gracias Gracias por _____
49. Gracias Gracias Gracias por _____
50. Gracias Gracias Gracias por _____

¡¡¡ TE AMO,,, FRANCISCO MIGUEL VEGA CASTELLANO!!!

4ª HERRAMIENTA: PERDÓNATE, PÍDELO Y CONCÉDESELO A TODOS.

> "El PERDONAR no es algo que haces por los demás. Es algo que haces por ti mismo para sanarte y seguir con tu vida. No es un sentimiento es una decisión"
>
> (Anónimo)

Amado ser humano, sufrimos por la inclinación a vincularnos con nuestras heridas del pasado, en lugar de dejarlas atrás. Eso desemboca en que experimentemos constantemente la sensación de no ser dignos. Y me explico.

Una persona que haya experimentado acontecimientos traumáticos en la vida, como una violación sexual, la muerte de seres queridos, rupturas familiares, enfermedades, accidentes, drogadicciones y otras similares, puede llegar a vincularse con los dolorosos acontecimientos del pasado y rememorarlos para llamar la atención o despertar lástima en los demás, buscando compasión.

Eso solo hace que se extienda la infección e impida la curación, que por supuesto afecta al espíritu, cosechando amarguras, no sintiéndose merecedora de nada en la vida, cultivando una imagen sucia, de criatura desafortunada, desmerecedora y difamada. Y esa misma vibración es lo que envía al Creador, lo que inhibe cualquier posibilidad de atraer el amor y la bendición a su vida.

Aquéllo que te permitirá desvincularte de tus heridas se llama PERDÓN. <u>El perdón es lo más poderoso que puedes hacer por tu fisiología y por tu espiritualidad</u>, pese a que socialmente no sea muy atractivo, debido en buena medida a que nuestros egos (programación mental o mente) nos gobiernan.

PERDÓN significa llenarse de amor e irradiar ese amor hacia el exterior, negándose a transmitir el veneno o el odio engendrado por los comportamientos que causaron las heridas. El perdón es un acto espiritual de amor por uno mismo, y envía a todo el mundo, incluida la misma persona, el mensaje de que eres un objeto de amor y que eso es lo que vas a impartir.

Se trata de no seguir aferrándote a tales heridas como si de las más preciadas posesiones se trataran. Significa renunciar al lengüaje de la autocompasión y la culpa, y a no seguir adelante con las heridas del pasado. Lo único que has de hacer por él es aceptar que es algo que ya sucedió:

"Es pa-sa-do, como bien indica la palabra"

La actitud a tomar es la del amor. No se perdona si no se libera. Hay que perdonar, olvidar y liberar. <u>Luego, poco a poco, nos iremos sintiendo dignos de merecer todo lo mejor en la vida.</u>

¡¡¡PERDONAR ES EL PRIMER Y TRASCENDENTAL GRAN PASO!!!

Si cometiste errores en el pasado, por muy grave que fueran, ya no puedes hacer nada más, solo aceptarlos, perdonarte y dejar que se marchen. Ahora te encuentras en otro nivel de conciencia. Lo demuestra el hecho de estar leyendo este libro. Ya sabes que no existen las casualidades. Absolutamente todo es causal.

<u>¡¡¡Amado ser humano, ya es hora de salir de la cárcel, no vas a estar toda la vida en ella. Todos cometemos errores y somos merecedores de oportunidades. Trátate con cariño, respeto y amor siempre, eres merecedor de ello!!!</u>

¡¡¡Amado ser humano lo ocurrido no tiene nada que ver con tu Ser; eso fue algo externo y que tuvo que ver con tu programación mental de entonces:

¡¡¡TÚ ERES UN SER DIVINO, SAGRADO SIEMPRE, PORQUE FUISTE CREADO A IMAGEN Y SEMEJANZA DEL CREADOR!!!

♥ ¡¡¡AMADO SER HUMANO,,, ♥
♥ PERDÓNATE A TI MISMO, ♥
♥ LO HICISTE LO MEJOR QUE PUDISTE, ♥
♥ CON LA INFORMACIÓN, ♥
♥ COMPRENSIÓN ♥
♥ Y ♥
♥ EXPERIENCIA, ♥
♥ QUE TUVISTE EN AQUEL MOMENTO,,, ♥
♥ OLVIDA, LIBERA y DEJA MARCHAR!!! ♥

¿Te has preguntado alguna vez que si no te sientes merecedor de algo, por qué te lo va a enviar el Creador? **El Creador siempre está deseando concederte favores, es tu ego o mente el que se confabula para impedirte utilizar este poder en tu propia vida.**

Recita las oraciones de abajo dos veces diarias delante del espejo. Una vez en la mañana, después de levantarte y otra en la noche, antes de acostarte. Realiza el proceso 33 días ininterrumpidos.

Ya sabes el por qué si te saltas al menos un día, has de reanudar el proceso desde el principio con los 33 días que deben realizarse consecutivamente.

Al terminar refuerza el aprendizaje adquirido perseverando con la actitud de perdonarte, pedir perdón y concederlo.

"Hoy es otro precioso día sobre la Tierra y vamos a vivirlo con alegría.
Nadie puede arrebatarme jamás aquello que es mío por derecho propio.
Aunque es posible que no sepa cómo perdonar, me dispongo a comenzar el proceso, sabiendo que encontraré ayuda en todos los aspectos de mi vida.
Elijo perdonar a todo aquel que alguna vez haya hecho algo negativo.
Éste es mi día del perdón.
Me perdono por todo el daño que hice en el pasado, a mi y a los demás.
Me libero de la carga de la culpa y la vergüenza.
Me alejo del pasado y vivo en este momento con alegría y aceptación.
Ellos son libres y yo soy libre.
Somos uno con el poder que nos ha creado, estamos seguro y a salvo.
Y todo está bien en nuestro mundo.

Así Es. Gracias Amado Creador"

(Louisse L.Hay, 1926, EEUU. Prestigiosa escritora y oradora)

5ª HERRAMIENTA: FELICÍTATE POR LA TOTALIDAD DE TUS ÉXITOS.

"El éxito no está en vencer siempre, sino en no desanimarse nunca"

(Napoleón Bonaparte, 1769, Francia – 1821, Gran Bretaña. Emperador francés)

El Creador concede la victoria a la constancia. Sin duda mereces tener éxito. Es más, naciste exitoso, porque "fuiste creado a imagen y semejanza del Creador", pero debido a la programación que te impusieron y al libre albedrío con que fuiste creado, hicieron que poco a poco desviaras tu trayectoria.

Amado ser humano, ahora mismo estás en el camino de reconducirla. Porque estás aquí para ello, ¿a que sí? **El haber elegido dar ese paso constituye todo un éxito y te felicito.** Y luego, creyéndote merecedor de más éxitos, haz de seguir avanzando hasta conseguir mantener una dinámica de éxito.

Felicitarte por tus éxitos aunque sean insignificantes fomenta el amor por ti. ¿Cómo te sentiste cuando alguien te felicitó por algún motivo? Te amaste, ¿verdad? Ahora estás tú, que es más que suficiente, para felicitarte. **Llevando a cabo esa actitud constantemente, crearás el hábito de felicitarte por tus éxitos siempre y entonces tu autoestima también se disparará por las nubes.**

Además **el éxito engendra más éxito**, como hemos visto cuando hablé de la ley de atracción, porque <u>allí donde va tu atención y enfoque</u>

por tu pensamiento, también va tu energía, creciendo más y más. Al felicitar tu éxito el Creador te envíará nuevos motivos para que continúes felicitándote por tus éxitos.

Vamos pues a desarrollar el siguiente ejercicio consistente en aprender el hábito de felicitarte constantemente por tus éxitos. Se trata de cumplimentar el formato de abajo con una lista diaria de 33 éxitos por los que te felicitas.

¡¡¡Amado ser humano, pienso que puedo adivinar tu respuesta: ¡¡¡Francisco, que 33 diarias son muchas; y te respondo tajantemente: no, esfuérzate en buscarlas y las encontrarás, realmente tenemos más de 33 éxitos diarios y sólo te estoy pidiendo 33!!! ¡¡¡Por ti mismo vas a ser consciente de lo grandioso que eres!!!

Ya sabes el por qué si te saltas al menos un día, has de reanudar el proceso desde el principio con los 33 días que deben realizarse consecutivamente. Al terminar refuerza el aprendizaje adquirido perseverando con la actitud de felicitarte por todo y siempre.

El primer día realiza el ejercicio en el propio libro y luego continúa el proceso diario en el libro de ejercicios diseñado al efecto y que acompaña a este libro, o si lo deseas, en un block o libreta de trabajo, respetando la estructura de la herramienta establecida.

"Levantarte a tu hora diariamente, haberte lavado los dientes, llegar puntual al trabajo, mostrarte con buena actitud, concluir una tarea acertadamente o realizar la rutina de herramientas marcada en este libro", son también éxitos.

No solo son éxitos que te hayan subido el sueldo, que hayas cerrado un negocio que te hayan ascendido, que hayas superado un exámen u obtenido cualquier titulación. **Éxito es todo lo que consigas diariamente por poco que te parezca. ¿Me explico, amado ser humano?**

¡¡¡Vamos allá!!!

PRIMER DÍA, FECHA: _____

1. Yo me felicito por _____
2. Yo me felicito por _____
3. Yo me felicito por _____
4. Yo me felicito por _____
5. Yo me felicito por _____
6. Yo me felicito por _____
7. Yo me felicito por _____
8. Yo me felicito por _____
9. Yo me felicito por _____
10. Yo me felicito por _____
11. Yo me felicito por _____
12. Yo me felicito por _____
13. Yo me felicito por _____
14. Yo me felicito por _____
15. Yo me felicito por _____
16. Yo me felicito por _____
17. Yo me felicito por _____
18. Yo me felicito por _____
19. Yo me felicito por _____
20. Yo me felicito por _____
21. Yo me felicito por _____
22. Yo me felicito por _____
23. Yo me felicito por _____
24. Yo me felicito por _____
25. Yo me felicito por _____
26. Yo me felicito por _____
27. Yo me felicito por _____
28. Yo me felicito por _____
29. Yo me felicito por _____

30. Yo me felicito por _____
31. Yo me felicito por _____
32. Yo me felicito por _____
33. Yo me felicito por _____

¡¡¡ TE AMO,,, FRANCISCO MIGUEL VEGA CASTELLANO!!!

6ª HERRAMIENTA: SIÉNTETE BIEN CON LAS FRASES QUE ESCRIBES.

"El momento presente tiene la clave de la liberación. Pero usted no

puede encontrar el momento presente mientras sea su mente

(Eckhart Tolle, 1948, Alemania.
Importante escritor de crecimiento espiritual residente en Canadá)

En el apéndice de final del libro encontrarás más de 1000 frases, entre las cuales debes elegir 20 diarias (no es necesario añadir el nombre de su autor), reflejarlas ordenadamente en el formato que más abajo te adjunto y realizar el proceso 33 días ininterrumpidos. Ya sabes que si te saltas al menos un día, has de reanudar el proceso desde el principio con los 33 días que deben realizarse consecutivamente.

Intenta no repetir frases a menudo. La pretensión de que sean tan numerosas es que también las leas a menudo. Cuánto más las leas, más se te grabarán en tu subconsciente. Tanto cuando las escribas o lees, es muy importante sentirlas.

El lengüaje o la vibración con el Creador es la emoción y el sentimiento, porque ya sabes que con la repetición constante y el alto impacto emocional es como se crea la programación mental o sistema de creencias.

Amado ser humano, con respecto a ésto último, he de ponerte en conocimiento algo sumamente importante. El 99% de esas citadas frases están escritas en formas afirmativas, lo que se conoce como afirmaciones.

Y he de advertirte que primero percibas como te sientes después de pronunciarlas, porque si los pensamientos y emociones resultantes no son buenos, entonces esa será tu vibración y atraerás todo lo contrario.

Atraemos lo que la vibración está emitiendo, no lo que la palabra está diciendo.

Recuerda la fórmula:

creencias→pensamientos→emociones→acciones→resultados

Hay personas que se sienten bien al pronunciar las afirmaciones y otras que no. Si en tu caso te sientes mal, existen varias formas para convertir o reescribir tus afirmaciones de tal manera que al expresarlas te sientas bien.

Una de ellas es convertirlas en preguntas. Se le denomina aformaciones y fue descubierta por Noah John. Al preguntar, no afirmas, entonces tu consciente no ve señales de conflicto, se evita la resistencia mental y permite que entre, penetrando en el subconsciente.

Tu subconsciente que recibe la pregunta, tiene una inmensa necesidad de responderla, creando las situaciones para que ésto se de, habiendo creado previamente la magen mental y permitido la vibración.

Ejemplos de afirmaciones (arriba), convertidas en aformaciones (debajo) son:

No perdamos tiempo, hacer las paces con nosotros mismos es URGENTE.
¿Es URGENTE no perdamos tiempo y hacer las pases con nosotros mismos?

Lo que creemos de nosotros mismos y la vida llega a ser nuestra verdad.
¿Llega a ser nuestra verdad lo que creemos de nosotros mismos y la vida?

Cuanto menos nos aceptamos, más necesitamos la aceptación de los demás.
¿Necesitamos más la aceptación de los demás cuanto menos nos aceptamos?

Vivamos una vida que nos de orgullo contar.
¿Vivamos una vida que nos de orgullo contar?

Amado ser humano, otra forma que podrías usar para reescribir tus frases o afirmaciones es usando la palabra **merecimiento y similares**, siempre y cuando al pronunciarlas te sientas bien.

Ejemplos de afirmaciones (arriba), convertidas en merecimientos y sinónimos (debajo) son:

No perdamos tiempo, hacer las paces con nosotros mismos es URGENTE.
Somos dignos de no perder tiempo, hacer las paces con nosotros mismos es URGENTE.

Lo que creemos de nosotros mismos y la vida llega a ser nuestra verdad.
Acepto que lo que creemos de nosotros mismos y la vida llega a ser nuestra realidad.

Cuanto menos nos aceptamos, más necesitamos la aceptación de los demás.

<u>Estoy abierto a creer que</u> cuanto menos nos aceptamos, más necesitamos la aceptación de los demás

Vivamos una vida que nos de orgullo contar.
<u>Merecemos vivir</u> una vida que nos de orgullo contar.

Amado ser humano, conocido lo comentado líneas arriba, vamos ahora al trabajo diario. Recuerda que debes elegir 20 frases diarias, de entre el APÉNDICE final del libro y reflejarlas ordenadamente respetando el formato que te adjunto abajo y realizar el proceso 33 días consecutivos. Ya sabes el por qué si te saltas al menos un día, has de reanudar el proceso desde el principio con los 33 días que deben realizarse consecutivos.

El primer día realiza el ejercicio en el propio libro y luego continúa el proceso diario en el libro de ejercicios diseñado al efecto y que acompaña a este libro, o si lo deseas, en un block o libreta de trabajo, siguiendo la estructura de la herramienta establecida.

¡¡¡Sé que lo vas a conseguir, pero depende de ti!!!

PRIMER DÍA, FECHA: _____

1. _____
_____
_____

2. _____
_____
_____

3. _____
_____
_____

4. _____
_____
_____

5. _____
_____
_____

6. _____
_____
_____

7. _____
_____
_____

8. _____
_____
_____

9. _____
_____
_____

10. _____
_____
_____

11. _____
_____
_____

12. _____
_____
_____

Yo me amo, ¿Y TÚ?

13. _____
_____
_____

14. _____
_____
_____

15. _____
_____
_____

16. _____
_____
_____

17. _____
_____
_____

18. _____
_____
_____

19. _____
_____
_____

20. _____
_____
_____

¡¡¡ TE AMO,,, FRANCISCO MIGUEL VEGA CASTELLANO!!!

7ª HERRAMIENTA: SIÉNTETE BIEN CON LO QUE TE DICES EN EL ESPEJO.

"Miren fijo en un espejo, dense cuenta de que nuestro reflejo es la primera frase de una historia"

(Shane L. Koyczan, 1976, Canadá.
Importante escritor y poeta canadiense)

Amado ser humano, mírate en el espejo inmediatamente cuando te levantes y que sea la última cosa que hagas antes de dormir.

Opcionalmente, si lo deseas, también puedes realizar esta técnica más veces que las señaladas, recomendándote buscar un lugar tranquilo, cómodo y apartado, ya que **precisas intimidad**. Podría ser el cuarto de baño, la terraza, tu habitación o donde te sea posible estar a solas.

¿Que si podrías usar esta técnica en tu ambiente de trabajo o negocio? Por supuesto que sí. Mantén un espejo disponible en tu ambiente de trabajo. Puedes poner un espejo en tu espacio laboral, dentro de tu escritorio o en cualquier área que sea apropiada.

<u>El tiempo que necesitas para aplicar esta técnica es de cinco a diez minutos, cada una de las dos sesiones diarias obligatorias. Lo más importante, como el resto de las herramientas es que las practiques con disciplina y constancia.</u>

Has de realizar este proceso 33 días consecutivos por las dos sesiones diarias antes descritas.

Ya sabes el por qué si te saltas al menos un día, has de reanudar el proceso desde el principio con los 33 días que deben realizarse ininterrumpidamente.

Hay unos pasos a seguir muy sencillos para desarrollar esta herramienta:

1. <u>Colócate frente a un espejo y mírate a los ojos</u>. Repite la siguiente afirmación: "¡¡¡Te amo, de verdad, te amo!!!". Puedes personalizarlo, si lo deseas, pronunciando por ejemplo tu nombre, que es muy efectivo.

2. <u>Habla con otras personas frente al espejo</u>. Es muy liberador hablar con otras personas usando esta técnica. Diles lo que en un principio no te atreves a decirles personalmente. Puedes usar la técnica del espejo cuando sientas la necesidad del perdón (el perdón es tan sanador como liberador). Mírate a los ojos y di: "¡¡¡Te perdono y Te amo!!!".
También podrías perdonar a otras personas frente al espejo.

3. <u>Permanece frente al espejo</u>. Resiste la tentación de voltearte para otro lado. Nota lo que piensas y sientes inmediatamente. ¿Te criticaste a ti mismo inmediatamente? Sé consciente de lo que sucede dentro de ti. Ahora dite a ti mismo en silencio,¡¡¡"Te amo,,, realmente te amo"!!! ¿Hay una parte de ti que no lo cree?

4. <u>Deja que los sentimientos de incomodidad pasen</u>. Amado ser humano, es normal que la primera vez que te digas frases en el espejo te sientas incómodo. Aunque así sea, atrévete a mirarte a los ojos y haz el ejercicio. Si te parece muy difícil inicialmente, entonces dite a ti mismo: "Estoy dispuesto a amarme tal y como soy".

Recuerda que estás sacando a la mente de su zona de confort y por eso se te está revelando. También puedes decirte todo aquello que hubieras deseado que tus padres te dijeran.

5. <u>Aprovecha las ocasiones en que te encuentres frente al espejo</u>, para decirte ¡¡¡cuánto te amas!!!; por ejemplo cuando te peinas, lavas la cara, te cepillas los dientes, etc.

6. <u>Anota en tu diario o una libreta los sentimientos que surjan</u> como parte de este ejercicio.

Al terminar esta herramienta, refuerza el aprendizaje adquirido perseverando con la actitud de decirte mensajes agradables hacia tu persona aprovechando los espacios de tiempo en que te encuentres delante del espejo.

¡¡¡ TE AMO,,, FRANCISCO MIGUEL VEGA CASTELLANO!!!

8ª HERRAMIENTA: GRABA UN AUDIO CON TU VOZ Y SIÉNTETE BIEN ESCUCHÁNDOTE.

Amado ser humano, esta herramienta consiste en grabar un audio en tu terminal móvil con tu voz, diciendo cuánto te amas o las frases que utilizas delante del espejo. Debes sentirte bien con ellas. Y has de añadir de fondo una música que te guste y las ondas alpha.

<u>Esta herramienta es muy poderosa, porque ganas tiempo con ella.</u> Podrías escuchar el audio mientras atiendes tus labores diarias, que sean automáticas y que no precisen de demasiada atención.

Por ejemplo, cuando caminas, haces footing, bicicleta estática, preparas la comida, te lavas los dientes, etc. Al escucharlo mediante unos cascos, con lo que fidelizas el sonido, junto a las ondas alpha, las frases penetran directamente en el subconsciente, que como sabemos es donde se encuentra nuestro sistema de creencias.

<u>¿Qué son las ondas alpha?</u> Son un tipo de ondas del cerebro humano, entre las cuatro existentes: beta, alpha, theta y delta. Las ondas alpha <u>representa un estado de escasa actividad cerebral y relajación. Haciéndole escuchar al cerebro las ondas alpha a través de música, conseguimos se relaje, si no estará en alerta y no dejará entrar nada.</u>

Por ejemplo, una persona que ha terminado una tarea y se sienta a descansar, se encuentra a menudo en un estado alpha; así como aquélla que está dando un paseo mientras disfruta. <u>Es también el estado de gran receptividad que tienen los niños, sobre todo de 4 a 6 años. Por ello es que captan todo con suma facilidad, absorbiendo como esponjas y es la etapa donde más aprende el ser humano.</u>

Amado ser humano, has de realizar este proceso 33 días consecutivos, cuantas más veces diarias mucho mejor. Ya sabes el por qué si te saltas al menos un día, has de reanudar el proceso desde el principio con los 33 días que deben realizarse consecutivamente.

¡¡¡ TE AMO,,, FRANCISCO MIGUEL VEGA CASTELLANO!!!

9ª HERRAMIENTA: COLOCA EN UN CARTEL TODAS LAS FOTOS QUE TE HAGAN SENTIRTE BIEN AL VISUALIZARLAS.

Los seres humanos somos eminentemente visuales. El sentido con el que más información captamos y por medio del que más impacto emocional recibimos es la vista. Tras varias investigaciones se llegó a la conclusión que incluso en los conciertos de música, lo que se ve provoca más impacto emocional que lo que se oye.

Amado ser humano, sabiendo ésto, vamos a aprovechar el poderío de la vista y llevar a cabo la presente herramienta. Se trata de situar en un cartel, físico o virtual, o en un álbum todas aquellas fotos que representen momentos de tu vida y que al visualizarlas te sientas bien y,,,

¡¡¡si te amas, muchísimo mejor!!!

Es muy importante poner frases de tu puño y letra junto a las fotos, tal que al leerlas te sientas bien, como por ejemplo: ¡¡¡me quiero mucho, me amo mucho, me acepto, me apruebo, soy una persona maravillosa, guapa, sensacional, extraordinaria, etc.!!! Como desees. Es algo personal.

Has de realizar este proceso 33 días consecutivos, cuantas más veces diarias mucho mejor, eso sí, **has de visualizar cada foto un mínimo de 30 segundos.** Ya sabes el por qué si te saltas al menos un día, has de reanudar el proceso desde el principio con los 33 días que deben realizarse consecutivamente.

10º HERRAMIENTA: VISUALÍZATE DISFRUTANDO DE UNA ALTA AUTOESTIMA.

Amado ser humano, la visualización creativa es una técnica muy poderosa y usada por los ganadores en todos los campos de la vida. Consiste en crear un campo magnético y eléctrico, es decir una vibración, que atrae aquéllo que se emite en la misma frecuencia de nuestra vibración. Como sabemos, si queremos obtener algo en nuestra vida hemos de vibrar en la frecuencia de nuestros objetivos.

Es evidente que cualesquiera sean esos objetivos, primero hemos de tenerlos claros y luego imaginárnoslos, o sea, mirar los resultados delante nuestro. Y sabemos que para convencer a nuestro subconsciente y luego pueda penetrar la nueva creencia, nuestro cerebro ha de estar relajado, porque en alerta no dejará entrar nada.

Se trata entonces de unir la imaginación con la relajación. Pues vamos a ello, comenzando con la relajación:

Acuéstate o siéntate. Cierra o semicierra tus ojos. Las manos extendidas a lo largo del cuerpo o sobre las rodillas, livianas, dependiendo la posición que hayas adoptado. Relájate, pero sin pensar demasiado en ello. La relajación de los músculos vendrá progresivamente. Toma consciencia del momento y lugar preciso en que estás. Es importante ser consciente del "aquí y ahora".

Comienza realizando varias respiraciones abdominales, o sea, llevando el aire al abdomen. Inspira, dirigiendo el aire a través de la tráquea y expira, ambas por la nariz. Después continúa respirando

tranquilamente. Céntrate solamente en la entrada y salida del aire por la nariz. Ten una actitud mental positiva.

Siempre en la misma posición, conservando el corazón como punto central, prioriza y esfuérzate siempre en estar atento a la entrada y salida del aire por la nariz. Escucha y céntrate cada vez más en ese ritmo armonioso de la entrada y salida del aire por la nariz. Y vuelta a empezar. Piensa solo en tu respiración regular, en la majestad de tu postura.

A la vez puedes decirte mentalmente: todo mi cuerpo está relajo, suelto, caído y pesado. Afloja más y más. Comienza por la zona baja de tu cuerpo, mientras asciendes ordenadamente, diciéndote mentalmente: "relajo y suelto los dedos de los pies, plantas de los pies, empeines, tobillos, tibias y peronés, gemelos, rodillas, femorales, cuádriceps, glúteos, partes,,, sigues subiendo y aflojando todo tu cuerpo,,,

,,, relajo y suelto los riñones, páncreas, hígado, bazo, estómago, intestino,,, mientras sigues aflojando todo tu cuerpo,,,

,,, continúas subiendo,,, relajo y suelto los pulmones, el corazón, pecho, columna vertebral, espalda, cuello, clavículas, hombros, brazos, antebrazos y manos,,, continuando aflojando todo tu cuerpo,,,

,,, sigues subiendo,,, diciéndote mentalmente, relajo mi cuero cabelludo, cerebro, cerebelo, bulbo raquídeo, mente, frente, cejas, párpados, ojos, pómulos, piel de la cara, mandíbulas, orejas",,, aflojando al máximo todo tu cuerpo,,,

,,, finalmente y antes de comenzar con la parte imaginativa, di mentalmente:
"en este momento los millones de células de mi cuerpo están relajadas, sueltas, caídas, pesadas y llenas de luz,,, tengo un poder interior dentro de mi con el cual atraigo a mi vida lo que considere conveniente"

Comienza la parte imaginativa siéndote bien contigo mismo. Recordando aquellos momentos de éxitos en tu vida, entre más mejor, por muy pequeños que sean, al fin y al cabo son éxitos. Si no recuerdas suficientes, no fuerces en la primera práctica, es normal, ya sabes que todo lo hace el hábito. Conforme avances con las prácticas irás recordándolos.

"Recuerda como te sentiste en cada uno de esos momentos, qué maravillosos eran, qué gran amor sentías por ti, cómo te amabas, cómo te felicitaban, a quienes tenías al lado, qué veías, escuchabas y olías,,, entre más detalles recuerdes mejor que mejor,,,

luego,,, en este momento siente un gran amor por ti, di mentalmente que eres una gran persona, maravillosa, sensacional, extraordinaria, que te amas mucho,,, enamórate de ti,,, recuérdate todo lo que te encanta hacer, todo lo que haces bien y como te lo reconocen,,,

,,, siéntete como si ya hubieras alcanzado esos objetivos que persigues, siente que son experiencias reales, disfruta mucho y siente una inmensa alegría por esos éxitos, cómo muchas personas te felicitan, como te sientes alguien muy especial,,, (puedes agregar y personalizar)".

Finalmente disponte a recobrar la normalidad, despacio, moviendo todos tus músculos, poco a poco.

<u>Es importante que sepas que el cerebro no distingue entre realidad y fantasía; y que visualices siempre en pasado, es decir, como si el objetivo que persigues ya lo lograste.</u>

De ahí la conocida frase de San Pablo en la Biblia:

"Todo lo que pidáis, en estado de oración, creyendo que ya lo tenéis, lo recibiréis"

Finalmente disponte a recobrar la normalidad, despacio, moviendo todos tus músculos poco a poco.

Realiza esta práctica 33 días ininterrumpidos, preferiblemente en la noche, antes de dormir. Ya sabes el por qué si te saltas al menos un día, reanudarás el proceso desde el principio con los 33 días que deben realizarse sin interrupción

¡¡¡ TE AMO,,, FRANCISCO MIGUEL VEGA CASTELLANO!!!

11º HERRAMIENTA: ABRAZA A MENUDO.

El abrazar a alguien, además de elevar las dosis de autoestima, genera también beneficios fisiológicos en nuestro cuerpo, los cuales son muy positivos.

Recibir un abrazo aumenta el nivel de hormonas como la serotonina y la dopamina, por lo que conseguimos reducir los niveles de estrés y a su vez mejoramos nuestro estado de ánimo.

Todos en algún momento de nuestra vida sentimos la necesidad de dar y recibir un abrazo para sentirnos bien con nosotros mismos, sentir apoyo, felicidad y **amor**.

Sin embargo **se ha demostrado que los beneficios de los abrazos van más allá de las emociones e influyen directamente en nuestra salud sin importar la edad en que nos encontremos.**

Un estudio hecho por científicos de la Universidad de Duke, en Estados Unidos llegó a la conclusión de que las personas necesitamos recibir abrazos y caricias desde que nacemos.

El contacto físico juega un papel muy importante en el desarrollo de las neuronas y para que estas no mueran, es importante estimularlas desde que empezamos a vivir.

Aunque no se ha descubierto una cifra exacta de los abrazos que necesitamos para nuestra salud, los diferentes estudios han determinado que gracias a ellos podemos reducir y prevenir enfermedades tanto físicas como emocionales.

Cuando abrazamos liberamos el estrés, la ansiedad, **la depresión** y creamos una especie de confianza en nosotros mismos. Un estudio de la Universidad de Carolina del Norte afirma que **cuando abrazamos a otras personas, la oxitocina, o más conocida como hormona del amor, incrementa y mejora la salud de nuestro organismo.**

Como hemos dicho anteriormente, los abrazos benefician directamente nuestra salud física y emocional. **Por lo general disfrutamos mucho de los abrazos que nos damos con las personas que queremos, pero también son muy efectivos cuando lo hacemos con personas diferentes.**

Teniendo claro esto, <u>mira todos los beneficios que trae consigo abrazar</u>:

Reduce el estrés y la ansiedad.
Los abrazos y el contacto físico en general, reducen la producción de una hormona llamada cortisol, la cual favorece el **estrés**. Al reducir esto **se aumenta la cantidad de serotonina y dopamina, las cuales de inmediato le darán sensaciones de bienestar y tranquilidad.**

Reduce la presión arterial.
Gracias a los abrazos nuestro sistema nervioso se activa, se libera la hormona oxitocina y activamos unos mecanorreceptores de la piel llamados Corpúsculos de Pacini, los cuales son los encargados de reducir la presión arterial.

Mejora el sistema inmune.
Al recibir o dar un abrazo nuestro sistema inmunológico se activa y favorece la creación de glóbulos blancos. Gracias a esto podemos prevenir muchas enfermedades y mejorar nuestras defensas cuando nos sentimos débiles.

Beneficios cardiovasculares.
Según Karen Grewen, investigadora de la Universidad de Carolina del Norte, **los abrazos con las personas que amamos aumenta el**

nivel de oxitoxina tanto en hombres como mujeres; gracias a esta hormona recibimos grandes beneficios para **la salud del corazón** y el sistema cardiovascular.

Reduce el riesgo de padecer demencia.
Los abrazos nos estimulan, nos dan tranquilidad y equilibran nuestro sistema nervioso, por esta razón los abrazos desde temprana edad reducen el riesgo de padecer demencia.

Mejora el estado de ánimo.
Cuando estás pasando por un mal momento en tu vida, los abrazos pueden ser la solución para sentir la felicidad. **Cuando abrazamos se eleva la serotonina y gracias a esto recuperamos poco a poco nuestro buen estado de ánimo.**

Rejuvenece el cuerpo.
Cuando abrazamos se estimula el proceso de transportación del oxígeno a los tejidos y gracias a esto **nuestro cuerpo prolonga la vida plena de las células evitando que envejezcamos y dándonos más tiempo de juventud.**

Relaja los músculos.
Los abrazos estimulan la circulación en los tejidos blandos y gracias a esto se pueden calmar dolencias musculares y liberar la tensión.

Genera confianza y seguridad.
Los abrazos nos hacen sentir apoyados y en confianza, gracias a esto se genera una seguridad que favorece la comunicación tanto con personas cercanas como con el público en general. **Recibir un abrazo antes de hablar en público hará que nos desempeñemos mejor.**

Eleva la autoestima.
Muchos especialistas asocian la autoestima con el contacto físico que recibimos desde que somos niños. **Las sensaciones que experimentamos a temprana edad nos marcan de por vida y con esto se incre-**

menta nuestra capacidad de querernos y respetarnos por el resto de nuestra vida.

Cuando abrazamos nos sentimos amados, seguros, especiales e importantes para las personas a nuestro alrededor, gracias a esto nuestra autoestima se alimenta y el amor propio se mantiene.

Una vez hecho un repaso a la importancia del abrazo, entre más realices diariamente este mágico acto, antes sentirás como tu autoestima se habrá elevado.

¡¡¡ TE AMO,,, FRANCISCO MIGUEL VEGA CASTELLANO!!!

12º HERRAMIENTA: SONRÍE A MENUDO.

Algunos estudios científicos han probado que **sonreír** libera endorfinas, serotonina y otros analgésicos naturales que produce nuestro cuerpo. También se ha asociado la sonrisa a la reducción de los niveles de hormonas causantes del estrés (adrenalina, cortisol y dopamina) y la disminución de la presión arterial.

El cerebro no distingue entre una sonrisa real o fingida. Con la repetición aprendemos el hábito. El efecto beneficioso para elevar nuestra autoestima es el mismo.

En el mundo de los negocios se dice muy a menudo que "tu sonrisa es tu logo, tu personalidad, tu tarjeta de presentación y la sensación que dejas a otros tras una experiencia contigo, tu marca". Iniciar una relación con una sonrisa agradable y real, te abre muchas más puertas que una cara seria y un frío apretón de manos.

Richard Branson, el gran empresario británico, fundador del mundialmente reconocido grupo **Virgin**, afirma que sonreír es un método de trabajo, una forma garantizada de obtener una ventaja competitiva en cualquier tipo de situación.

Una sonrisa es una forma de vida. Branson asegura que una empresa basada en una **"cultura de sonrisas"** atrae a muchos más clientes y los consigue fidelizar mucho más fácilmente.

Son muchos los estudios que confirman esta filosofía. La **Universidad de Kingston**, por ejemplo, preguntó a 2.000 encuestados qué factores les hacían mantener su lealtad a las empresas locales. El 59% de ellos respondió: "una sonrisa y un saludo amistoso".

Esa amplia sonrisa ha sido uno de los factores que le ha abierto a Branson tantas puertas, y le ha facilitado el éxito de sus numerosos y muy arriesgados proyectos de trabajo.

Una sonrisa agradable es igual a autoconfianza. ¿Sabías que Richard Branson sufre de dislexia y que nunca fue un buen estudiante? De hecho, al terminar su educación secundaria, sus resultados fueron, diríamos, algo pésimos, y sus profesores predijeron que acabaría en la cárcel o siendo un millonario.

Como bien sabemos, la segunda opción se impuso. La confianza que luce el gran magnate británico se debe en gran parte a esa sonrisa blanca y prominente que le caracteriza.

Tal y como nos explica la psicóloga **Ann Demarais**, numerosos estudios han demostrado que **cuando una persona tiene una sonrisa blanca y brillante, tiende a estar más relajada, a disfrutar del momento y a reír, y añade que, por el simple acto físico de dibujar una sonrisa en nuestro rostro, el flujo sanguíneo al cerebro cambia, haciéndonos sentir más felices.**

Cuando tú sonríes, los demás se sienten más propensos a devolverte esa sonrisa. Se ha demostrado que durante este intercambio de sonrisas ambas partes liberáis ciertos elementos químicos en el cerebro que os hacen sentiros más atraídos el uno hacia el otro.

Esa "atracción instantánea" hace aumentar el nivel de seguridad en ti, y por consiguiente, el nivel de felicidad que experimentas. **Una empresa basada en una "cultura de sonrisas" atrae a muchos más clientes y los consigue fidelizar mucho más fácilmente. La falta de confianza en tu sonrisa repercute en tu autoestima.**

Por lo tanto, amado ser humano, implanta en ti el hábito de sonreír hasta que lo aprendas. Entre más lo uses, más aumentarás tu nivel de autoestima.

Amado ser humano, además de que varias de las herramientas expuestas funcionaron en mi, ayudándome decisivamente a generar mi alta autoestima, perfeccioné el sistema añadiendo otras que fui conociendo con el paso del tiempo y que quedó patente que funcionaron y que funcionarán para ti siempre y cuando las lleves a cabo como detallé en cada una de ellas.

Porque piensa, amado ser humano, ¿cómo creaste tus viejas creencias?

Pues como expliqué en el capítulo correspondiente, de lo que viste, escuchaste, sentiste y experimentaste, fundamentalmente desde corta edad y que es precisamente los sentidos que vas a trabajar con las herramientas expuestas.

Amado ser humano, antes de continuar con el siguiente capítulo, es muy importante te haya quedado absolutamente claro lo que has leído hasta aquí, para poder seguir avanzando.

Si no es así y precisas la aclaración de cualquier duda u otra consulta, pongo a tu entera disposición la posibilidad de establecer una sesión privada sin coste y donde personalmente resolveré tus planteamientos.

Puedes solicitarla telefoneando al 658234019, también whatsapp; en la web: franciscomvega.com; o bien escribiendo a la dirección de correo: franciscomvega@franciscomvega.com

Yo me amo, ¿Y TÚ?

¡¡¡Amado ser humano, si has llegado hasta aquí habiendo cumplido con todas las herramientas que dispuse para ti, quiero felicitarte efusivamente, porque has realizado un gran trabajo, digno de un campeón o campeona.

Y por supuesto, FELICÍTATE A TI MISMO, porque el gran esfuerzo que realizaste valió la gloria!!!

¡¡¡ TE AMO,,, FRANCISCO MIGUEL VEGA CASTELLANO!!!

*CÓMO SABER SI LA SUPERASTE.

"Las personas más bellas con las que me he encontrado son aquellas que han conocido la derrota, conocido el sufrimiento, conocido la lucha, conocido la pérdida, y han encontrado su forma de salir de las profundidades.

Estas personas tienen una apreciación, una sensibilidad y una comprensión de la vida que nos llena de compasión, humildad y una profunda inquietud amorosa.
La gente bella no surge de la nada".

(Elisabeth Kubler-Ross, 1926, Suiza – 2004 EEUU. Prestigiosa psiquiatra y escritora, suizo-estadounidense)

Amador ser humano, ¿has descubierto que en tu interior hay alguien que tiene una fuerza descomunal para acabar con esos peligros que parecían imposibles y que tanto miedo nos daban? Se llama alta autoestima.

¿Cómo se encuentra ahora tu autoestima?

Las personas que gozan de una alta autoestima viven la vida de una manera sana y armoniosa, con actitud positiva y sintiéndose capaces de superar los obstáculos que se le presentan; aprendiendo de sus errores y continuando el camino de la vida, sintiéndose merecedores de atraer a sus vidas: personas, acontecimientos y bienes extraordinarios.

Una persona con alta autoestima se conoce y se conecta con su interior desde el amor, la aceptación, y el respeto; es consciente de sus cambios y desarrolla y fortalece sus capacidades y potencialidades. Con certeza,

se mantendrá siempre en constante superación guiada por el optimismo, la actitud positiva y una elevada confianza en sí mismo.

A continuación te detallo los principales rasgos que caracterizan a una persona que goza de una alta autoestima, para que te sea más sencillo detectar en qué nivel te encuentras, así como conseguir llegar a aquellos que aún no hayas alcanzado:

Se aman, valoran, aprueban y respetan a sí mismas. Creen y confían en sí mismas. Tienen seguridad y así lo expresan. Se sienten bien consigo mismas. Son capaces de reconocer sus propios logros. Se sienten orgullosos de sus éxitos. Se sienten capacitados para afrontar los retos, y obstáculos que la vida trae consigo. Los afrontan con optimismo. Se valen por sí mismas para atender las tareas cotidianas y piden ayuda cuando lo consideran necesario. Superan los fracasos, viven el duelo y el proceso respectivo. Continuando fortalecidos y con nuevas herramientas. Conocen sus fortalezas, trabajan sobre sus debilidades y reconocen sus errores. Tienen la certeza que merecen lo mejor de la vida y trabajan para ello. Crean y buscan las condiciones para cumplir sus objetivos, sus metas y sueños. Aceptan las circunstancias que no pueden cambiar y trabajan en el cambio de las que si pueden. Agradecen a diario y reconocen como bendiciones todo lo que les ocurre en sus vidas. Cuidan su salud física y mental, así como su imagen corporal. Identifican sus talentos y los hacen valer. Expresan su posición ante los acontecimientos propios del ámbito en los cuales se desenvuelven. Participan en actividades con personas desconocidas. Sienten que tienen ideas que aportar y que recibir, de las personas con las cuales interactúan. Son creativos y originales. Se interesan por realizar y aprender tareas y actividades nuevas. Aceptan y le dan la bienvenida a los cambios con optimismo y los ven como nuevas oportunidades. Son flexibles y se adaptan con facilidad. Están dispuestos a colaborar con los demás. Asumen responsabilidades. Disfrutan de la vida a plenitud, valorando los pequeños detalles. Tienen habilidad para perdonarse y perdonar. Son capaces de tener intimidad en sus relaciones y de mostrar sus sentimientos. Gozan de una actitud positiva. Dan la cara y asumen de manera directa y personal sus equivocaciones. Se sienten responsables de sus actos. Defienden su posición ante los demás, de forma asertiva. Luchan por alcanzar lo que quieren. Son líderes naturales.

Dependiendo del nivel que hayas alcanzado, **puedes repetir la lectura del libro así como la rutina de herramientas, tantas veces como sea necesario hasta dar con tu máximo nivel de autoestima.** Personalmente puedes ir calibrando como te vas sintiendo paulatinamente.

¡¡¡Si sientes haber alcanzado un nivel óptimo!!!

¡¡¡INFINITAS FELICIDADES, AMADO SER HUMANO!!!

Pero antes de acabar y por haber llegado hasta aquí quería recomendarte una serie de hábitos sanos que debieras adquirir y que van a desembocar en que experimentes una vida plena, en la línea hacia el vuelco total esperado que ya has comenzado elevando tu autoestima.

1º. <u>Sé autoconsciente</u>. Es decir, sé consciente siempre de lo que piensas, hablas, que es el pensamiento hablado y obras en cada momento de tu vida. Ya sabes que el pensamiento crea tu futuro.

2º. <u>Respira correctamente</u>. Una buena respiración te proporciona años de vida. Además te insufla buena actitud, vida. Se ha de inspirar por la nariz, llevando el aire hacia los pulmones dirigiéndolo mentalmente a través de la tráquea y expirar por la nariz o boca, como se quiera.

El color de piel de la persona que respira mal es grisáceo, parece angustiado, tiene mal aspecto y el pecho hundido. Si ha de enfrentarse a algún problema en su vida profesional, de inmediato se le antoja insuperable. La respiración está ligada a la alegría de vivir o a la dificultad para asumir las tareas cotidianas, las responsabilidades de la vida familiar o laboral.

Sin embargo, la persona que respira bien tiene un rostro distendido, su piel es suave. Sonríe y camina a paso ligero. Se mantiene erguido.

3º. <u>Aliméntate correcta y sanamente</u>. Lleva a cabo una alimentación equilibrada que te mantenga en un estado óptimo de salud y que te permita realizar con normalidad tus actividades cotidianas. Para ello, debe aportar la cantidad necesaria de energía para que el organismo funcione correctamente y puedas seguir la rutina diaria sin problemas.

4º. <u>Bebe 1 l. diario de agua mineral como mínimo</u>. En general, se aconseja la ingestión directa de agua mineral entre 1,5 y 2 litros diarios, como mínimo, cuando hace calor; y entre 1 y 1,5 litros con temperaturas menores, como en invierno.

5º. <u>Deshazte de las sustancias tóxicas como el tabaco y el alcohol</u>.

6º. <u>Duerme puntualmente y placenteramente de 7 a 8 horas diarias</u>. Levántate pleno de energías y con un estado emocional alto.

7º. <u>Utiliza siempre la agenda</u>. El tiempo es oro y si te das cuenta siempre está haciendo su trabajo. Este instrumento nos permite administrarlo, además de ofrecernos tranquilidad, al tenerlo todo controlado.

8º. <u>Practica deporte regularmente</u>. Está demostrado que practicar ejercicio físico habitualmente contribuye a prevenir enfermedades y mantener una buena salud. Del movimiento proviene la energía vital o la salud. Así mismo, de la energía deriva los altos estados emocionales.

A través del ejercicio físico el organismo segrega unas hormonas, siendo las endorfinas las más importantes y todas ellas responsables de que una vez concluida la práctica deportiva nos sintamos relajados, alegres, entusiastas, felices y hasta eufóricos. Todo ello nos aumenta la autoestima.

9º. <u>Practica yoga dos o tres veces por semana mínimo</u>. Amado ser humano esta disciplina me ayudó muchísimo como comenté en mi historia personal de superación. Hablar de yoga es sinónimo de salud total:

mental, espiritual y física. Yoga significa unión cuerpo y mente. A través de unas posturas corporales, también denominadas asanas, busca la unión y equilibrio entre la mente, el cuerpo y la respiración.

Los beneficios son muchísimos tales como: aptitud física, pérdida de peso, alivio de tensiones, paz, mejora la inmunidad, la autoconsciencia, la intuición, las relaciones, la postura y flexibilidad y aumenta la energía.

10º. <u>Lee a menudo</u>. La lectura favorece la concentración y la empatía, además de alimentar la imaginación, modificar para bien el cerebro, hacernos progresar y prepararnos para el éxito. ¡¡¡Pero cuidado con lo que lees, recuerda cómo se produce la programación mental!!! Si no estamos reprogramándonos, estamos reforzando una programación existente, no hay otra.

11º. <u>Selecciona los medios informativos</u>. La mayoría de las grandes empresas o multinacionales son también las propietarias de los medios de comunicación: prensa, radio y televisión.

¿Pero qué les mueve ese desembolso económico?
Muy fácil,,,
Se hacen con esos medios para llegar a la gran audiencia y así promocionar y publicitar los productos o servicios que venden o prestan, respectivamente, en el intermedio o transcurso, de artículos, caso de la prensa y de programas, para los otros dos medios, que difunden.
¿Y?,,,

Pues que son sabedores del funcionamiento de la mente humana y el impacto que tiene el "miedo" en ella. Y además saben que citada emoción es el motor principal de los intereses informativos de la población.

Y lo demás ya es muy sencillo, ¿verdad?,,,

¡¡¡Claro,,, todo cuadra ahora!!! Pueden entonces hacer coincidir las noticias que impactan a la sociedad a través del miedo o donde se es-

conde el mismo y en medio, como si de un sandwich se tratara, te situan el queso y el jamón que simbolizan la publicidad o promoción del producto o servicio que quieren comercializar o prestar. Según ellos, ¡¡¡todo controlado!!! Pero cada vez hay menos oscuridad entre los seres humanos. Tú tampoco, amado ser humano, te dejes manipular.

Detallado todo ésto y habiéndote puesto en alerta, has de ser tú quien elijas lo que quieras leer, escuchar o visualizar, y que, como en el caso anterior, cuando te aconsejé la lectura: si no estamos reprogramándonos, estamos reforzando una programación existente, no hay otra.

12. <u>Elije amistades sanas y que te impulsen</u>. Rodéate de compañías que te mejoren o por lo menos con actitudes positivas, hábitos sanos, que te valoren y con las que puedas compartir tranquilamente un tiempo de tu vida. Y si no, más vale solo que mal acompañado, amado ser humano.

Amado ser humano, hasta aquí: YO ME AMO, ¿Y TÚ? Soy muy feliz deseando que las páginas del mismo te hayan podido ayudar decisivamente a aumentar tu autoestima. Entonces, has cambiado tu perspectiva de observar la vida y sabes que no has de contentarte solo con haber llegado hasta aquí. Has nacido para algo más.

¡¡¡TE AMAS Y TE CREES MERECEDOR DE LO MEJOR EN LA VIDA!!!

¡¡¡ TE AMO,,, FRANCISCO MIGUEL VEGA CASTELLANO!!!

¿QUÉ HACER TRAS HABER ELEVADO TU AUTOESTIMA?

Aprovechar esa alta autoestima alcanzada y afianzarte en ella, creando un futuro donde lo mejor que desees libremente se te haga realidad. Me encantaría continuar guiándote hacia los logros de tus objetivos a través de mis siguientes libros, los tomos 2 y 3 de esta trilogía:

Tomo 2: TÚ YA ERES ABUNDANTE:CONOCE LA VERDAD

y

Tomo 3: SUPÉRATE HASTA LOGRAR TUS OBJETIVOS

¡¡¡AMADO SER HUMANO, SE TE ABREN PUERTAS DE BENDICIÓN Y TE ESPERO EN SUS PÁGINAS!!!

¡¡¡Ayúdame a que este manual pueda ayudar al mayor número de personas posible. Envíame, por favor, una foto donde aparezcas con el libro o con tu testimonio tras leerlo, que compartiré en todas mis redes sociales y web!!!

Puedes enviármela al email: franciscomvega@franciscomvega.com; o bien al número whatsapp: 658234019

¡¡¡TE AMO,,,

FRANCISCO MIGUEL VEGA CASTELLANO!!!

"La Voz de tu Alma"

Terminado el libro no quiero dejar de escribir acerca de "La Voz de tu Alma".

Es una obra interesante, diferente y con un estilo muy propio que marcará un antes y un después.

Había leído mucho acerca del despertar espiritual anteriormente, pero nunca había, ni tan siquiera escuchado, lo que en "La Voz de tu Alma" se explica.

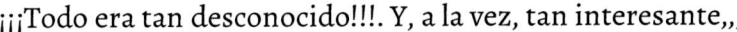

¡¡¡Todo era tan desconocido!!!. Y, a la vez, tan interesante,,,

En él, Laín García Calvo explica principios y leyes universales, acerca de cómo funcionan y cómo aplicarlos a nuestro día a día de una manera tan sencilla, práctica y amena que no te dejarán indiferente.

No es casualidad que más de 200.000 personas ya lo hayan leído.

Si tú también quieres conseguirlo, entra en:

http://www.laingarciacalvo.com/

Puedes seguirme en:

Youtube: Francisco Miguel Vega Castellano

Facebook: Yo me amo, ¿y tú?; y Francisco Miguel Vega Castellano
Instagram: @franciscomvegacastellano
Web: www.franciscomvega.com

Francisco Miguel Vega Castellano

¡¡¡ TE AMO,,, FRANCISCO MIGUEL VEGA CASTELLANO!!!

Yo me amo, ¿Y TÚ?

APÉNDICE: Frases para cumplimentar en la herramienta número 6 de rutina diaria (capítulo 3)

Las siguientes 1000 frases han sido cuidadosamente seleccionadas para ti. Algunas, aunque pocas, por su tamaño no cupen en el espacio reservado al efecto en el ejercicio. No te preocupes, tienes muchísimas más que elegir para realizar la rutina diaria. Pero por su interés fueron igualmente localizadas para que las leyeras repetidamente.

¡¡¡AMADO SER HUMANO RECUERDA SIEMPRE LO SIGUIENTE!!!

¡¡¡Eres la única persona con la que convivirás el resto de tu existencia. Nadie te va a amar más que tú mismo !!!
¡¡¡TE AMO,,, Francisco Miguel Vega Castellano!!!

FRASES:

1. Querer ser otra persona es malgastar la persona que eres. Marylin Monroe.
2. No apruebo algunas cosas que he hecho o soy o he sido. Pero soy yo. Es bueno saberlo-Elizabeth Taylor.
3. Tú mismo, al igual que cualquier otra persona en el universo, te mereces tu propio amor y afecto. Gautama Buddha.
4. La peor soledad es no estar cómodo contigo mismo. Mark Twain.
5. Si no eres bueno amándote a ti mismo, tendrás dificultades al amar a alguien, debido a que resentirás el tiempo y energía que das a otra persona que ni siquiera te das a ti mismo. Barbara De Angelisi.
6. El hombre que no se valora a si mismo, no puede valorar cualquier cosa o cualquier persona. Ayn Rand.
7. Mi mejor amigo es el que saca lo mejor de mi mismo. Henry Ford.
8. Nunca amé a otra persona del modo que me amo a mi mismo. Mae West.
9. La gente que quiere más aprobación consigue menos y la gente que necesita menos aprobación consigue más. Wayne Dyer.
10. La mayoría de miedos de ser rechazado descansan en el deseo de ser aprobados por otras personas. No bases tu autoestima en sus opiniones. Harvey Mackay.
11. Me llevó mucho tiempo no juzgarme a mi mismo a través de los ojos de otro. Sally Field.
12. Nada construye tanto la autoestima y el autoconcepto como los logros. Thomas Carlyle.

13. La adversidad y perseverancia te pueden formar. Te pueden dar un valor y autoestima que no tienen precio. Scott Hamilton.
14. La depresión puede parecer peor que el cáncer terminal, porque la mayoría de pacientes de cáncer se sienten amados y tienen autoestima y esperanza. David D. Burns.
15. Confía en ti mismo. Sabes más de lo que crees que sabes. Benjamin Spock.
16. La autoestima es tan importante para nuestro bienestar como las piernas para una mesa. Es esencial para la salud física y mental y para la felicidad. Louise Hart.
17. Nadie te puede hacerte sentir inferior sin su consentimiento. Eleanor Roosevelt.
18. La baja autoestima es como conducir a través de la vida con tu mano rota. Maxwll Maltz.
19. No hay cursos de universidad, colegio o instituto para construir la autoestima. T.D.Jakes.
20. Bueno, todos sabemos que la autoestima viene de lo que piensas de ti mismo, no de lo que piensan los demás. Gloria Gaynor.
21. Hasta que no te valores a ti mismo no valorarás tu tiempo. Hasta que no valores tu tiempo, no harás nada con el. M. Scott Peck.
22. Un hombre no puede estar cómodo sin su propia aprobación. Mark Twain.
23. Creo que todo el mundo es extraño. Deberíamos celebrar nuestra individualidad y no estar avergonzados de ella. Johny Depp.
24. Recuerda siempre que no solo tienes el derecho de ser un individuo, también tienes la obligación de ser uno. Eleanor Roosevelt.
25. ¿Por qué nos debería preocupar lo que otros piensan sobre nosotros? ¿Confiamos más en sus opiniones que en las nuestras?. Bringham Young.
26. Para establecer una verdadera autoestima debemos concentrarnos en nuestros éxitos y olvidarnos de nuestros fracasos y cosas negativas de la vida. Denis Waitley.
27. Estoy comenzando a medir mi vida en la fuerza, no en kilos. A veces en sonrisas. Laurie Halse Anderson.
28. Amarse a uno mismo es el comienzo de una larga vida román-

tica. Óscar Wilde.
29. No te preguntes a ti mismo qué necesita el mundo, pregúntate que te hace sentirte vivo y entonces haz eso. Howard Washington Thurman.
30. Lo que necesita el mundo es gente que se siente viva. Howard Washington Thurman.
31. Muchas personas sobrevaloran lo que no son y infravaloran lo que son. Malcolm S. Forbes.
32. Nunca bajes la cabeza. Siempre manténla alta. Mira al mundo directo a la cara. Helen Keller.
33. Te has estado criticando a ti mismo años y años y no ha funcionado. Trata aprobarte a ti mismo y mira qué ocurre. Louise L. Hay.
34. Siempre estas contigo mismo, por lo que deberías disfrutar la compañía. Diane Von Furstenberg.
35. Hemos sido bendecidos de una única e importante forma. Mary Dunbar.
36. Es nuestro privilegio y aventura descubrir nuestra luz especial. Mary Dunbar.
37. Cuando la gente cree en si mismo tiene la primera llave del éxito. Norman Vincent Peale.
38. Ganas experiencia, coraje y autoestima en cada experiencia en la que te paras y miras al miedo en la cara. Eleanor Roosevelt.
39. No te atrevas, por más de un segundo, rodearte de gente que no es consciente de tu grandeza. Jo Blackwell-Preston.
40. Tuya es la energía que construye tu mundo. No hay limitaciones excepto en las que crees. Jane Roberts.
41. Ser bello significa ser tu mismo. No necesitas ser aceptado por otros. Necesitas aceptarte a ti mismo. Thich Nhat Hanh.
42. Todas las cosas espléndidas han sido conseguidas por aquellos que se atrevieron a creer que algo dentro de ellos era superior a las circunstancias. Bruce Barton.
43. Todo el mundo es un genio. Pero si juzgas a un pez por su habilidad para subir a un árbol, pasará toda su vida creyendo que es estúpido. Albert Einstein.
44. Disfruta tu cuerpo. Úsalo de todas las formas que puedas. No le

tengas miedo o de lo que otra gente piense. Es el mayor instrumento que tendrás. Mary Schmich.
45. Eres tan increíble como te dejas serlo. Déjame repetirlo. Eres tan increíble como te dejas serlo. Elizabeth Alraune.
46. El desafío más difícil es ser tú mismo en un mundo en el que todo el mundo trata de que seas alguien más. E. E. Cummings.
47. La escasez de autoestima no puede ser remediada por dinero, reconocimiento, afecto, atención o influencia. Gary Zukav.
48. Confía en ti mismo. Piensa por ti mismo. Actúa por ti mismo. Habla por ti mismo. La imitación es un suicidio. Marva Collins.
49. Pon tu futuro en buenas manos. En ti mismo. Anónimo.
50. La confianza no viene siempre de estar en lo cierto sino de no temer equivocarse. Peter T. McIntyre.
51. Tienes que esperar cosas de ti mismo antes de que puedas hacerlas. Michael Jordan.
52. La opinión de otras personas sobre ti mismo no tienen que convertirse en tu realidad. Les Brown.
53. Siéntete orgulloso por lo que eres y no avergonzado por lo que otros ven en ti. Lifeder.com.
54. No dejes que lo que no puedes hacer te impida hacer lo que puedes hacer. John Wooden.
55. Tu peor enemigo puedes ser tu mismo, por lo que se tu mejor amigo. Lifeder.com.
56. La única forma de salir siempre bien parado es que nadie piense en ti, y eso es peor que nada. Lifeder.com.
57. Háblate a ti mismo como la harías con la persona que más quieres. Anónimo.
58. Nunca toleres la falta de respeto, ni de ti mismo. Anónimo.
59. La primera persona en la que tienes que creer en la vida es en ti mismo. Anónimo.
60. Cree que te lo mereces, que lo puedes hacer y que lo conseguirás. Anónimo.
61. Una autoimagen positiva es el mayor predictor del éxito en la vida. Anónimo.
62. Un tigre no se preocupa de la opinión de las ovejas. Anónimo.

63. Cómo tener el cuerpo perfecto para ir a la playa en dos simples pasos:
1 Ten un cuerpo.
2 Ve a la playa.
Anónimo.
64. Cuando aprendas a perdonarte, dejarás de juzgar. Anónimo.
65. Aceptamos sólo el amor que creemos merecer. Anónimo.
66. No pierdas el tiempo, hacer las paces contigo mismo es demasiado urgente. Anónimo.
67. El secreto de una autoestima alta es vivir queriendo hacer feliz al niño que éramos. Anónimo.
68. Para un cuerpo poder dar amor primero, tiene que haberlo recibido ¿te cuesta decir te amo? Comienza por decirlo frente a un espejo mirándote los ojos. Anónimo.
69. Ya eres esa persona que querías ser, si no puedes verlo, es porque no has aprendido a verte bien a ti mismo. Anónimo.
70. Ama a tu prójimo como a ti mismo, no en lugar de a ti mismo. Anónimo.
71. Cuando las personas te digan que no puedes, recuerda: No existen los imposibles para aquellos que creen en sí mismo. Simplemente las cosas, a veces tardan un poco más. Anónimo.
72. Un final sin esperanza. Una esperanza sin final. ¿Qué ves dentro de ti?. Anónimo.
73. No te avergüences de las veces que has sufrido, aprende a cargar tus cicatrices como si fueran medallas, por ellas, eres quien eres hoy. Anónimo.
74. Llora sin vergüenza, después de todo llorar no es más que enjuagar los ojos para ver con claridad. Anónimo.
75. ¿Cuándo fue la última vez que te miraste al espejo y te dijiste a ti mismo te perdono?. Anónimo.
76. Nadie puede tener una buena opinión de alguien que opina mal de sí mismo. Anthony Trollope.
77. Si eres de esas personas que piensan que nunca podrán lograr algo, entonces nunca lo harás; aunque tengas las aptitudes. Indira Gandhi.

78. Cuando crees realmente en ti mismo, no hay nada que esté fuera del alcance de tus posibilidades. Wayne Dyer.
79. Todo lo que necesitas para superar los obstáculos de la vida, lo encontrarás dentro de ti. Aprende a buscar dentro de tu corazón. Brian Tracy.
80. Dios nos dio la capacidad de soñar porque nos creó con la capacidad de hacer realidad todos nuestros sueños. Héctor Tassinar.
81. Un poco de fantasía a la realidad y un tanto más de esperanza a tus sueños; y todas tus aspiraciones se harán realidad ¡¡debes aprender a creer en ti mismo!!. Anónimo.
82. Cuando te permites lo que mereces, atraes aquello que necesitas. Anónimo.
83. La religión de las personas debería ser la religión de creer en uno mismo. Jiddu Krishnamurti.
84. Los logros son la máxima expresión de la estima que nos tenemos a nosotros mismos. Nathaniel Branden.
85. No puedo asegurarte cuál es la clave del éxito, pero la clave del fracaso es tratar de complacer a todos menos a ti mismo. Anónimo.
86. La autoestima es sentirse capaz y al mismo tiempo amado por ti mismo. Anónimo.
87. No olvides que a pesar de los errores, puedes elegir ver lo bueno, en ti y en los demás. Anónimo.
88. Cuando comienzas a tratarte con amor, el amor sólo llega a tu vida. Anónimo.
89. La autoestima es la reputación que te formas de ti mismo para ti mismo. Anónimo.
90. Quien vence a otros, es fuerte. Quien se vence a sí mismo, es poderoso. Anónimo.
91. La autoestima es el arte de cambiar el mundo con la sonrisa que nace desde dentro. Anónimo.
92. Antes de morir por alguien más, mira primero quién moriría por ti. Anónimo.
93. El corazón roto que más duele, el desamor más horrendo que alguien puede sentir, es aquel que nos provocamos a nosotros mismos ¡¡Ámate!!. Anónimo.

94. En el momento que comienzas a entender cuánto vales, comienzas a buscar lo que realmente mereces. Anónimo.
95. Cuando te aceptas a ti mismo tal cual eres, los demás comienzan a verte como lo que eres: un ser hermoso. Anónimo.
96. La autoestima es para el espíritu lo que la comida es al cuerpo. Anónimo.
97. Aprende a aceptar y a valorar tus diferencias, pues ellas te harán destacar de entre la multitud. Ellen Degeneres. Anónimo.
98. Quiérete más que ayer, pero menos que mañana. Anónimo.
99. Aprender a quererte y respetarte es la mejor manera de tener que lidiar con el hecho de que pasarás el resto de la vida contigo mismo. Anónimo.
100. Ser fuerte no significa ser capaz de levantar mucho peso, sólo basta con que seas capaz de levantar el tuyo cada vez que te caigas. Anónimo.
101. Que las piedras encontradas en tu camino forjen los muros del castillo de tu autoestima. Anónimo.
102. Cuando te reconcilies con lo que eres, sólo entonces estarás contento con lo que tienes. Doris Mortm.
103. Es más apropiado para un hombre reírse de la vida que lamentarse. Séneca.
104. La mejor forma de animarte es intentar animar a otro. Mark Twain.
105. Cuando te levantes por la mañana, piensa en el precioso privilegio de estar vivo, respirar, pensar, disfrutar y amar. Marco Aurelio.
106. Incluso la noche más oscura terminará con la salida del sol. Victor Hugo.
107. No pienso en todas las desgracias, sino en toda la belleza que aún permanece. Anne Frank.
108. El gran descubrimiento de mi generación es que los seres humanos pueden cambiar sus vidas cambiando su actitudes mentales. William James.
109. La felicidad de tu vida depende de la calidad de tus pensamientos. Marco Aurelio.
110. El futuro pertenece a aquellos que creen en la belleza de sus

sueños. Eleanor Roosevelt.
111. La felicidad no es la ausencia de problemas, es la habilidad de tratar con ellos. Steve Maraboli.
112. Si no te gusta el camino en el que andas, comienza a construir otro. Dolly Parton.
113. El pesimista ve dificultad en toda oportunidad. El optimista ve oportunidad en toda dificultad. Winston Churchill.
114. Estas son mis últimas palabras hacia ti. No tengas miedo de la vida. Cree que merece la pena vivirla y tu creencia creará el hecho. William James.
115. Nunca confundas una sola derrota con una derrota final. F. Scott Fitzgerald.
116. No llores porque terminó. Sonríe porque ocurrió. Dr. Seuss.
117. Si hiciésemos todas las cosas de las que somos capaces, nos asombraríamos a nosotros mismos. Thomas Edison.
118. Dentro de veinte años a partir de ahora te arrepentirás de las cosas que no hiciste, así que suelta las amarras y navega fuera de tu zona de confort, busca el viento en tus velas. Explora, Sueña, Descubre. Mark Twain.
119. No dejes que la vida te desanime; todo el mundo que esta donde esta tuvo que comenzar donde estaba. Richard L. Evans.
120. Usa el dolor como una piedra en tu camino, no como una zona para acampar. Alan Cohen.
121. La única persona a la que estas destinada ser es la persona que decidas ser. Ralph Waldo Emerson.
122. Tú mismo, al igual que cualquier otra persona en el universo, te mereces tu propio amor y afecto. Buda.
123. La vida es una sucesión de lesiones que debe ser vivida para entenderse. Helen Keller.
124. Inténtalo y fracasa, pero no fracases en intentarlo. Stephen Kaggwa.
125. Recuerda siempre que eres más grandes que tus circunstancias, eres más que cualquier cosa que te pueda ocurrir. Anthony Robbins.
126. La única diferencia entre un buen y mal día es tu actitud. Den-

nis S. Brown.

127. Nunca digas nada de ti mismo que no quieres que se convierta en realidad. Brian Tracy.
128. Incluso si te caes de cara, sigues moviéndote hacia adelante. Victor Kiam.
129. Mantén tu cara hacia el sol y no podrás ver una sombra. Helen Keller.
130. Todos nuestros sueños se pueden hacer realidad si tenemos el coraje de perseguirlos. Walt Disney.
131. Comienza a ser ahora lo que serás de ahora en adelante. William James.
132. El mejor regalo que te puedes dar a ti mismo es un poco de tu propia atención. Anthony J. D'Angelo.
133. Comienza donde estas. Usa lo que tienes. Haz lo que puedas. Arthur Ashe.
134. Puedes tener cualquier cosa que quieras si estas dispuesto a renunciar a la creencia de que no lo puedes tener. Dr. Robert Anthony.
135. Las cosas que odiamos de nosotros mismos no son más reales que las cosas que nos gustan de nosotros mismos. Ellen Goodman.
136. En la confrontación entre el arrollo y la roca, el arrollo siempre ganará, no por la fuerza, sino por la persistencia. Buda.
137. El momento en que dudas si puedes volar, cesas para siempre de poder hacerlo. J.M. Barrie.
138. Se desgraciado o motívate. Siempre es tu opción. Wayne Dyer.
139. Cáete siete veces, levántate ocho. Proverbio japonés.
140. No dejes que las circunstancia te controlen. Puedes cambiar tus propias circunstancias. Jackie Chan.
141. Todo lo que tenemos que decidir es qué hacer con el tiempo que se nos ha dado. J.R.R. Tolkien.
142. Nadie te puede hacer sentir inferior sin tu consentimiento. Eleanor Roosevelt.
143. La vida comienza al final de la zona de confort. Neale Donald Walsch.
144. Si cambias el modo en que miras las cosas, las cosas que miras

cambian. Wayne Dyer.

145. La preocupación nos debería llevar a la acción y no a la depresión. Karen Horney.

146. Nunca vas a poder cruzar el océano hasta que tengas el coraje de dejar de ver la costa. Cristobal Colón

147. Nuestra mayor gloria no esta en no caer nunca, sino en levantarnos cada vez que caemos. Confucio.

148. No tienes control sobre los gustos de otros, por tanto enfócate en ser fiel a ti mismo. Tim Gunn.

149. Recuerda tus sueños y lucha por ellos. Debes saber que quieres de la vida. Solo hay una cosa que hace tu sueño imposible: el miedo al fracaso. Paulo Coelho.

150. Recuerda tus sueños y lucha por ellos. Debes saber que quieres de la vida. Solo hay una cosa que hace tu sueño imposible: el miedo al fracaso. Anónimo.

151. Mi filosofía que las dificultades se desvanecen cuando las encaramos. Isaac Asimov.

152. No habrá nada que te pueda asustar si te niegas a tener miedo. Gandhi.

153. Usa tu sonrisa para cambiar el mundo y no dejes que el mundo cambie tu sonrisa. Anónimo.

154. Cuanto más grande la dificultad, mayor la gloria. Anónimo.

155. Debemos abrazar el dolor y quemarlo como gasolina para nuestro viaje. Kenji Miyazawa.

156. Tus circunstancias presentes no determinan a donde vas; simplemente determinan dónde comienzas. Nido Qubein.

157. No tengas miedo de renunciar lo bueno para ir a por lo grande. John D. Rockefeller.

158. Las cosas más simples pueden traer la mayor felicidad. Izabella Scorupco.

159. La curiosa paradoja es que cuando me acepto a mi mismo, puedo cambiar. Carl R. Rogers.

160. Una sonrisa es una forma económica de mejorar tu apariencia. Charles Gordy.

161. Las cometas se elevan contra y no a favor del viento. John Neal.

162. Un viaje de diez mil kilómetros empieza por un solo paso. Lao Tzu.
163. Después de cada tormenta sonríe el sol; para cada problema hay una solución y el deber irrenunciable del alma es estar de buen ánimo. William R. Alger.
164. Una actitud positiva te da poder sobre tus circunstancias en lugar de que tus circunstancias tengan poder sobre ti. Joyce Meyer.
165. Lleva una sonrisa y ten amigos; lleva el ceño fruncido y ten arrugas. George Eliot.
166. Cada minuto que estas cabreado pierdes sesenta segundos de felicidad. Ralph Waldo Emerson.
167. No hay árbol que el viento no haya sacudido. Anónimo.
168. Ve con confianza en la dirección de tus sueños. Vive la vida como la has imaginado. Henry David Thoreau.
169. No son tus años de vida lo que cuenta, sino la vida en tus años. Abraham Lincoln.
170. La primera receta para la felicidad: evita meditar largamente en el pasado. Andre Maurois.
171. Tu grandeza no se revela por las luces que te llegan, sino por la luz que sale de tu interior. Ray Davis.
172. No es lo que tienes o quién eres o dónde estas o qué haces lo que te hace feliz o infeliz. Es lo que piensas sobre ello. Dale Carnegie.
173. Si no te gusta algo, cámbialo; si no lo puedes cambiar, cambia la forma en que piensas sobre ello. Mary Engelbreit.
174. Cada fracaso enseña al hombre algo que necesitaba aprender. Charles Dickens.
175. No te juzgues por tu pasado, ya no vives allí. Ifeanyi Enoch Onuoha.
176. Todo lo que puedas imaginar es real. Pablo Picasso.
177. Da tu primer paso ahora. No es necesario que veas el camino completo, pero da tu primer paso. El resto irá apareciendo a medida que camines. Martin Luther King.
178. Cuanto más violenta es una tormenta, más rápido pasa. Paulo Coelho.
179. Cualquier cosa que hayas decidido hacer, hazla con todas tus fuerzas. Eclesiastes.

180. Ser desgraciado es un hábito; ser feliz es un hábito; y tu tienes la opción de elegir. Tom Hopkins.
181. Tienes que esperar cosas de ti mismo antes de poder hacerlas. Michael Jordan.
182. La verdadera felicidad es disfrutar el presente, sin dependencia ansiosa sobre el futuro. Marco Aurelio.
183. Si sigues diciendo que las cosas van a ser malas, tienes una buena oportunidad de convertirte en profeta. Isaac Bashevis Singer.
184. No puedes esperar la victoria y planear para la derrota. Joel Osteen.
185. No hay secretos para el éxito. Este se alcanza preparándose, trabajando arduamente y aprendiendo del fracaso. Colin Powell.
186. El dinero no puede comprar la felicidad, pero puede comprar un yate lo suficientemente grande como para subirte los ánimos. David Lee Roth.
187. Miles de velas se pueden encender de una sola vela, y la vida de la vela no será acortada. La felicidad nunca disminuye al compartirla. Buda.
188. Si quieres felicidad durante una hora, duerme una siesta. Anónimo.
189. Si quieres felicidad por un día, ve a pescar. Anónimo.
190. Si quieres felicidad por un año, hereda una fortuna. Anónimo.
191. Si quieres felicidad para toda la vida, ayuda a otra persona. Anónimo.
192. Que el dolor sea una piedra en tu camino, no una tienda de acampar. Anónimo.
193. Más se perdió en el diluvio. Anónimo.
194. Un final sin esperanza o una esperanza sin final ¿qué decides ver hoy?. Anónimo.
195. Por muy fuerte que sea la tormenta, el sol siempre volverá a brillar entre las nubes. Anónimo.
196. Mientras más negra la noche, más brillan las estrellas. Anónimo.
197. Recuerda que la suerte no existe, todo depende de nosotros, en nuestras manos está la posibilidad de nuestro éxito. Anónimo.
198. No pierdas la fe. No hay dos inviernos consecutivos. Anónimo.
199. El fracaso es la oportunidad que te da la vida de comenzar de

nuevo pero esta vez con más inteligencia. Henry Ford.
200. "Aunque no me veas, te cuido. Aunque no lo creas te amo. Aunque no me sientas, te toco. Y aunque a veces lo dudes, yo siempre estaré a tu lado". Dios.
201. Si la tristeza toca a tu puerta, dile muy amablemente que ya te has comprometido con la felicidad y que piensas serle fiel toda la vida. Anónimo.
202. Nadie es lo suficientemente relevante como para amargar tu vida. Anónimo.
203. Nunca dejes de luchar, el mundo te necesita hoy y todos los días de tu vida. Anónimo.
204. Los pensamientos te llevan a tus propósitos, tus propósitos a tus acciones, tus acciones a tus hábitos, tus hábitos a tu carácter y tu carácter determina tu destino. Piensa positivo. Tyron Edwards.
205. No se equivoca el hombre que intenta diferentes caminos para llegar a sus metas; se equivoca el que por miedo a fracasar no camina. Anónimo.
206. Si deseas amor verdadero, primero aprende a amarte a ti mismo. Anónimo.
207. ¿Cómo tener un cuerpo perfecto para ir a la playa?. Vete a la playa, el cuerpo ya lo tienes. Anónimo.
208. Antes de decirle a alguien "te quiero", hemos de saber decirnos "me quiero". Anónimo.
209. Ámate tanto que cuando alguien te trate mal, te des cuenta enseguida. Anónimo.
210. Cuando yo me perdoné, dejé de juzgar. Anónimo.
211. Aceptamos el amor que creemos merecer. Anónimo.
212. No perdamos tiempo, hacer las paces con nosotros mismos es URGENTE. Anónimo.
213. Lo que creemos de nosotros mismos y la vida llega a ser nuestra verdad. Anónimo.
214. Cuanto menos nos aceptamos, más necesitamos la aceptación de los demás. Anónimo.
215. Vivamos una vida que nos de orgullo contar. Anónimo.
216. Quien se ama a si mismo, ama fácilmente a los demás; quien se

acepta a si mismo, acepta a los demás; quien confía en si mismo, confía en los demás; etc. etc. etc. Anónimo.

217. Padre, enséñame a verme como tú me ves y a amarme como tú me amas. Anónimo.

218. Si tu felicidad depende de lo que hagan los demás, supongo estarás en aprietos. Anónimo.

219. Ya somos esa persona que nos gustaría ser. Si no nos vemos así es porque todavía no hemos aprendido a vernos con amor. Anónimo.

220. Ama al prójimo como a ti mismo, no en lugar de a ti mismo o más que a ti mismo. Anónimo.

221. No digas no puedo ni en broma, porque el inconsciente no tiene sentido del humor, lo tomará en serio, y te lo recordará cada vez que lo intentes. Facundo Cabral.

222. En realidad son nuestras decisiones las que determinan lo que podemos llegar a ser, mucho más que nuestras propias habilidades. J.K. Rowling.

223. Nunca dejes a nadie en el mundo decirte que no puedes ser exactamente quien tú eres. Lady Gaga.

224. No conozco la clave del éxito pero la clave del fracaso es tratar de complacer a todo el mundo. Woody Allen.

225. Las personas que piensan que no son capaces de hacer algo, no lo harán nunca, aunque tengan las aptitudes. Indira Gandhi.

226. Todos sabemos que la autoestima viene de lo que tú piensas de ti mismo, no de lo que los demás piensan de ti. Gloria Gaynor.

227. Nadie puede tener una opinión buena de una persona que tiene una opinión mala de sí mismo. Anthony Trollope.

228. Si crees totalmente en ti mismo, no habrá nada que esté fuera de tus posibilidades. Wayne Dyer.

229. Tienes dentro de ti todo lo que necesitas para superar los desafíos de la vida. Brian Tracy.

230. De todas las trampas en la vida la falta de autoestima es la peor y la más difícil de superar, debido a que está diseñada por tus propias manos y se centra en la idea: No vale la pena, no lo puedo hacer. Maxwell Maltz.

231. Dios no te hubiera dado la capacidad de soñar sin darte también la posibilidad de convertir tus sueños en realidad. Héctor Tassinari.
232. La única diferencia entre una vida extraordinaria y una vida corriente, reside en encontrar un placer extraordinario en las cosas corrientes. Veronique Vierne.
233. La opinión de los demás sobre ti no tiene que volverse tu realidad. Les Brown.
234. La persona más influenciable con la que hablarás todo el día eres tú. Ten cuidado entonces con lo que te dices a ti mismo. Zig Ziglar.
235. Si estás buscando un amigo es difícil que lo encuentres pero si tú eres un amigo encontrarás amigos en todos lados. Zig Ziglar.
236. Yo me doy cuenta de que la soledad es una oportunidad para desarrollar mi autoestima. Cuanto mejor manejo la soledad, mejor manejo mis relaciones. Sondra Ray.
237. Si ves que no confías en nadie, la vida puede ser muy dura para ti. Quizás no confías en ti mismo. Sondra Ray.
238. Amarse a sí mismo es reconocerse y elogiarse verbalmente. Es aprobar totalmente las propias acciones. Estar seguro de las propias habilidades. Amar el propio cuerpo y admirar la propia belleza. Sondra Ray.
239. La autoestima es un sentimiento basado en sentirse capaz y amado. Jack Canfield.
240. La satisfacción de la necesidad de autoestima conduce a sentimientos de autoconfianza, valía, fuerza, capacidad y suficiencia, de ser útil y necesario en el mundo. Abraham Maslow.
241. La religión de todas las personas debería ser la de creer en sí mismos. Jiddu Krishnamurti.
242. Las personas con alta autoestima no necesitan sentirse superiores a los demás, no necesitan compararse con los demás. Su alegría radica en ser quienes son y no en tratar de ser mejores que los demás. Anónimo.
243. La autoestima es la reputación que nos formamos de nosotros mismos. Anónimo.

244. Cuanto mayor es nuestro nivel de autoestima mejor tratamos a los demás. Anónimo.
245. Los logros productivos son consecuencia y expresión de nuestro nivel de autoestima. Anónimo.
246. El respeto comienza con uno mismo. Anónimo.
247. Cuando recuperes o descubras algo que alimenta tu alma y te trae alegría, encárgate de quererte lo suficiente y hazle un espacio en tu vida. Jean Shinoda Bolen.
248. Usted mismo, tanto como cualquier otro en el universo entero, merece su amor y afecto. Buda.
249. Siempre recuerda que no solo tienes el derecho de ser un individuo, sino que tienes la obligación de serlo. Eleanor Roosevelt.
250. Si solo te dieras cuenta, cuán importante eres para la vida de aquellos que conoces, cuán importante podrías ser para la gente que aún no has soñado conocer. Hay algo de ti que dejas en cada persona que conoces. Fred Rogers.
251. La autoestima baja es como conducir por la vida con el freno de mano puesto. Maxwell Maltz.
252. Lo que está por delante de nosotros y por detrás de nosotros son tan solo pequeñeces comparado con lo que hay dentro de nosotros. Ralph Waldo Emerson.
253. Hasta que no te valores a ti mismo, no valorarás tu tiempo. Hasta que no valores tu tiempo, no harás nada con él. M. Scott Peck.
254. Una persona no puede estar cómoda sin su propia aprobación. Anónimo.
255. Nunca seas acosado en silencio. Nunca permitas que se te convierta en una víctima. No aceptes la definición de tu vida por parte de nadie; defínete a ti mismo. Harvey Fierstein.
256. Quiérete a ti mismo primero y todo lo demás cae en orden. Tienes que quererte a ti mismo para hacer cualquier cosa en este mundo. Lucille Ball.
257. El autocuidado no es un acto egoísta, es simplemente el manejo adecuado del único don que tengo, el don por el que estoy en el mundo para ofrecer a los demás. Parker Palmer..
258. Cuando adoptas el punto de vista de que cualquier crítica que

haces es una auto-crítica, que cualquier juicio que haces es un auto-juicio, desarrollas sabiamente en ti mismo a un amor incondicional que será la luz del mundo. Harry Palmer.

259. ¿Por qué debemos preocuparnos por lo que los demás piensen de nosotros, tenemos más confianza en sus opiniones que en las nuestras?. Brigham Young.

260. Para establecer una verdadera autoestima debemos concentrarnos en nuestros éxitos y olvidarnos de los fracasos y los hechos negativos en nuestras vidas. Denis Waitley.

261. Un amor propio sano significa que no tenemos obligación de justificar ante nosotros mismos u otros cuando nos vamos de vacaciones, cuándo nos quedamos a dormir hasta tarde, cuando nos compramos zapatos nuevos, cuando nos damos algún premio de de vez en cuando. Nos sentimos cómodos haciendo cosas que añaden calidad de vida a nuestro día a día. Andrew Matthews.

262. Nuestro auto-respeto marca nuestras elecciones. Dan Coppersmith.

263. Cada vez que actuamos en armonía con nuestro auténtico ser y nuestro corazón, nos ganamos el respeto. Dan Coppersmith.

264. Cada elección que hagamos es muy importante. Dan Coppersmith.

265. La gente se halaga a sí misma, pensando que sus fallos están siempre presentes en las mentes de las otras personas, como si creyeran que el mundo siempre está contemplando sus encantos y virtudes individuales. Elizabeth Gaskell.

266. No dependas de alguien más para ser feliz y para valorarte. Sólo tú puedes ser responsable de eso. Si no puedes quererte y respetarte a ti mismo, nadie podrá hacer que eso ocurra. Stacey Charter.

267. No te preguntes lo que el mundo necesita, pregúntate lo que hace que cobre vida . Y luego ir y hacer eso . Porque lo que el mundo necesitas para estar vivo. Después ves y hazlo. Porque el mundo necesita a la gente que quiere estar viva. Howard Washington Thurman.

268. Hay demasiadas personas que sobrevaloran lo que no son y subestiman lo que son. Malcolm S. Forbes.

269. Ten fe en lo que existe allí adentro. André Gide.
270. Independientemente del camino que decidas coger, siempre hay alguien que te dirá que estás equivocado. Ralph Waldo Emerson.
271. Siempre hay dificultades derivadas que te tientan a creer que tus críticos tienen razón. Ralph Waldo Emerson.
272. Trazar un curso de acción y seguirlo hasta su fin requiere coraje. Ralph Waldo Emerson.
273. Nunca agaches la cabeza. Siempre tenla bien alta. Mira al mundo directamente a los ojos. Helen Keller.
274. Te has criticado a ti mismo durante años, y no ha funcionado. Prueba de halagarte y observa qué ocurre. Louise L. Hay.
275. Quererse a uno mismo es el principio de un romance para toda la vida. Óscar Wilde.
276. Actúa como si lo que haces marca la diferencia. Lo hace. William James.
277. Las personas más increíbles que hemos conocido son aquellas que han conocido la derrota, el sufrimiento, la lucha, la pérdida, y han encontrado su camino desde las profundidades. Elizabeth Kubler-Ross.
278. Las personas más desafiadas tienen una apreciación, una sensibilidad y un entendimiento sobre la vida que les llena de compasión, dulzura y una profunda preocupación amorosa. La gente increíble no solo ocurre. Elizabeth Kubler-Ross.
279. Siempre estás contigo mismo, así que podrías disfrutar de tu propia compañía. Diane Von Furstenberg.
280. Quién mira afuera, sueña: quién mira adentro, despierta. Carl Gustav Jung.
281. Nadie puede puede hacerte sentir inferior sin tu consentimiento. Eleanor Roosevelt.
282. Cuanto mejor te sientes sobre ti mismo, menos necesitas enseñarlo. Robert Hand.
283. Pienso que todo el mundo es raro. Todos deberíamos celebrar nuestra individualidad y no estar avergonzados de ello. Johnny Depp.

284. Eres muy poderoso, siempre y cuando sepas lo poderoso que eres. Yogi Bhajan.
285. Hay días que dejo caer palabras halagadoras sobre mi como cuando caen las hojas de un árbol y recuerdo que es suficiente para cuidar de mí mismo. Brian Andreas.
286. Confía en ti mismo. Sabes más de lo que crees que sabes. Benjamin Spock.
287. Porque si uno cree en sí mismo, no intenta convencer a los demás. Lao-Tzu.
288. Porque si uno está contento consigo mismo, no necesita la aprobación de los demás. Lao-Tzu.
289. Porque si uno se acepta a sí mismo, el mundo entero lo acepta también. Lao-Tzu.
290. Las personas que necesitan la mayor aprobación de los demás consiguen poca. Y los que no necesitan aprobación de los demás consiguen más. Wayne Dyer.
291. No hay nada noble con ser superior a otros hombres. La verdadera nobleza es ser superior a tu yo previo. Proverbio hindú.
292. Encontré en mi propia investigación que la mayor razón por la que las personas no son autocompasivas es que tienen miedo a convertirse en autoindulgentes. Kristen Neff.
293. Las personas creen que la autocrítica es lo que les mantiene en línea. Muchas personas piensan así porque nuestra cultura dice que ser duro con uno mismo es la manera correcta de ser. Kristen Neff.
294. Tu problema es que estás... tan ocupado por estar aferrado a tu culpabilidad. Ram Dass.
295. El premio de la conformidad es que todo a todo el mundo le gustas menos a ti mismo. Rita Mae Brown.
296. Quien no tiene confianza en sí mismo, anhela insaciablemente admiración. Anais Nin.
297. Si vives en los reflejos de ti, también vives en los ojos de los demás. Anais Nin.
298. Atrévete a ser tú mismo. Anais Nin.
299. Las personas son como las gafas. Brillan cuando sale el sol, pero

cuando llega la oscuridad revelan la verdadera belleza solo si hay una luz interior. Elisabeth Kübler-Ross.

300. Me llevó mucho tiempo no juzgarme a través de los ojos de los demás. Sally Field.

301. Querer ser otra persona es malgastar la persona que eres. Marilyn Monroe.

302. La opinión de otras personas sobre ti mismo no deben convertirse en tu realidad. Les Brown.

303. No conozco la clave del éxito pero la clave del fracaso es tratar de complacer a todo el mundo. Woody Allen.

304. El destino decide quién entra en tu vida, pero solo tú decides quién se queda.

305. La religión de todas las personas debería ser la de creer en sí mismos. Jiddu Krishnamurti.

306. La ira, el resentimiento y los celos no cambian el corazón de otros, sólo cambia el de uno mismo. Shannon L. Alder.

307. Un diamante no empieza siendo una piedra preciosa pulida y brillante. Solange Nicole.

308. Tú eres ese diamante que una vez no fue nada especial, pero con suficiente presión y el tiempo, se convirtió en algo espectacular. Solange Nicole.

309. Tú, tanto como cualquier otro en el universo entero, mereces tu amor y tu afecto. Anónimo.

310. Me preocupo por mí mismo. Tanto si soy el más solitario, como el que tiene más amigos, siempre me voy a respetar a mí mismo. Buda.

311. Un deseo de ser otra persona, sería una pérdida de la persona que realmente soy. Marilyn Monroe.

312. La peor soledad es no estar a gusto con uno mismo. Mark Twain.

313. Cuando uno es diferente, a menudo no ve los millones de personas que se aceptan por lo que son. Solamente se nota la persona que no lo hace. Jodi Picoult.

314. No dejes que los bloqueos mentales te controlen. Libérate. Enfréntate a tu miedo y transforma tus bloques mentales en bloques de construcción. Roopleen

315. Puedes buscar a través de todo el universo alguien que sea digno de tu amor y afecto, pero esa persona no se encuentra en cualquier lugar. Esa persona eres tú mismo. Anónimo.
316. No existe una cura mágica para hacer que todo lo que no te gusta desaparezca para siempre. Sólo hay pequeños pasos hacia arriba; un día más tranquilo, una risa inesperada, un espejo que ya no importa. Michel de Montaigne.
317. La cosa más grande en el mundo es saber cómo ser amo de uno mismo. Michel de Montaigne.
318. Pueden agredirte en tu dignidad, pueden burlarse de ti, pero nunca te podrán quitar tu esencia, a menos que te rindas. Michael J. Fox.
319. Enfrenta las partes oscuras de ti mismo y trabaja para desterrarlas con la iluminación y el perdón. August Wilson.
320. Tu disposición a luchar con tus demonios hará que tus ángeles puedan cantar. August Wilson.
321. El hombre que no se valora a sí mismo, no puede valorar nada ni a nadie. Ayn Rand.
322. Prefiero ser fiel a mí mismo, incluso sabiendo que los demás pueden burlarse de mí, en lugar de ser falso, e incurrir en mi propio aborrecimiento. Frederick Douglass.
323. Estoy empezando a medir mi valor, pero no en libras, sino en sonrisas. Laurie Halse.
324. Todo lo que te sucede es un reflejo de lo que crees de ti mismo. Iyanla Vanzant.
325. No podemos superar nuestro nivel de autoestima ni podemos atraer hacia nosotros nada más que lo que creemos que valemos. Iyanla Vanzant.
326. ¿Cómo sería tu vida diferente si... dejaras de permitir a otras personas que envenenen el día con sus palabras o pensamientos? Deja que hoy sea el día... Steve Maraboli.
327. Siéntene firme en la verdad de tu belleza y el viaje a través de tu día sin la necesidad de la validación de los demás. Steve Maraboli.
328. Lo más aterrador es aceptarse a sí mismo por completo. C.G.

Jung.

329. Soy sólo uno, pero yo soy uno. No puedo hacer todo, pero puedo hacer algo. Y porque no puedo hacer todo, no me negaré a hacer ese algo que puedo hacer. Edward Everett Hale.

330. La mayoría de los malentendidos en el mundo podrían evitarse si la gente simplemente se tomara el tiempo para preguntar. Shannon L. Alder.

331. Las mujeres que se aman a sí mismas son amenazantes; pero los hombres que no aman a mujeres reales, lo son más aún. Naomi Wolf.

332. Es una certeza humana absoluta que nadie puede conocer su propia belleza o percibir un sentido de su propio valor, hasta que se ha reflejado en el espejo de otro ser humano con su amor y cuidados. John Joseph Powell.

333. ¡¡Cree en ti mismo!!¡¡Ten fe en tus capacidades!!. Sin una confianza humilde pero razonable en tus propias fuerzas, no puedes ser exitoso o feliz. Norman Vincent Peale.

334. Mi mejor amigo es el que saca lo mejor de mí. Henry Ford.

335. Sé fiel a lo que existe dentro de ti mismo. André Gide.

336. Por una vez, se creí en mi misma. Creí que era hermosa y también lo hizo el resto del mundo. Sarah Dessen.

337. Siempre y cuando te mires en otra persona para buscar su aprobación, te estás preparando para el desastre. Anónimo.

338. Tú tienes que ser entero y completo por ti mismo. Nadie te puede dar eso. Anónimo.

339. Debes saber quién eres. Lo que otros dicen de ti es irrelevante. Anónimo.

340. Hasta que no te valores a ti mismo, no tendrás el valor de tu tiempo. Hasta que no valores tu tiempo, no podrás hacer nada con él. M. Scott Peck.

341. Si sientes que pasas una eternidad tratando de reparar unos momentos de tiempo que destruiste a la vista de los demás, entonces debes preguntarte si tienes un problema o se trata realmente de los otros. Shannon L. Alder.

342. Toda persona que finalmente descubre su valor, ha recogido

sus maletas del orgullo y se ha subido a un vuelo hacia la libertad, que ha aterrizado en el valle del cambio. Shannon L. Alder.

343. La baja autoestima es como conducir a través de la vida con tu mano rota. Maxwell Maltz.

344. Si tienes un sueño, no te quedes ahí sentado. Reúne el valor de creer que se puede tener éxito y dejar todo lo posible para que sea una realidad. Roopleen.

345. Uno de los mayores errores en la vida es ser lo que los demás quieren que seas, en lugar de ser uno mismo. Shannon L. Alder.

346. Siempre habrá alguien dispuesto a hacer daño, que hablará mal de ti, que menospreciará tus logros y juzgará tu alma. Es un hecho que todos debemos enfrentar. Anónimo.

347. Date cuenta de que tu eres tu mejor amigo y que se encuentra a tu lado cuando otros te están haciendo mal y nunca tendrás miedo, nunca te sentirás inútil y nunca te sentirás solo. Anónimo.

348. Como creador, me gusta la autoayuda, porque aplaudo lo que puedo hacer para mí mismo y por mí mismo. Debo comprarme guantes. Jarod Kintz.

349. ¿Por qué preocuparse por lo que otros piensan de nosotros, tenemos más confianza en sus opiniones de lo que hacemos nosotros mismos?. Brigham Young.

350. Muchas personas sobrevaloran lo que no son e infravaloran lo que sí son. Malcolm S. Forbes.

351. Si usted celebra su diferencia, el mundo también lo hará. Victoria Moran.

352. El mundo cree exactamente lo que dices a través de las palabras que usas para describirte, de las acciones que llevas a cabo para cuidarte y de las decisiones que tomas para expresarte. Victoria Moran.

353. Dígale al mundo que es una especie de la creación que vino aquí para experimentar la maravilla y difundir la alegría. Victoria Moran.

354. El rechazo es una oportunidad para su selección. Bernard Branson.

355. Permanecer en silencio es como un cáncer de crecimiento lento

para el alma y un rasgo de un verdadero cobarde. Shannon L. Alder.

356. Una persona no puede ganar todas las batallas. Sin embargo, todo el mundo al menos sabrá que intentó hacerlo. Shannon L. Alder.
357. No pierdas tu energía tratando de cambiar las opiniones de otros... Haz tu parte y no te preocupes si les gusta o no. Tina Fey.
358. Recuerda siempre que eres más grande que tus circunstancias, eres más que cualquier cosa que te pueda ocurrir. Anthony Robbins.
359. Nunca amé a otra persona de la forma que me amé a mí misma. Mae West.
360. Perder la confianza en la fuerza de uno, es a perder la confianza en uno mismo. Simone de Beauvoir.
361. Creo con todo mi corazón que los clichés son ciertos, que somos nuestros mejores amigos y nuestra mejor compañía, y que si esto no es cierto para ti, también lo será para cualquier otra persona. Rachel Machacek.
362. Cada estrella es un espejo que refleja la verdad dentro de ti. Aberjhani.
363. Cuando un hombre está con una mujer hermosa solo por su belleza como único objetivo, se sabotea a sí mismo. Ella sabe que fue elegida por la estima de los otros hombres por la belleza exterior. Naomi Wolf.
364. Lo importante no es lo que otras personas piensan que eres; que es lo que realmente eres. Shannon L. Alder.
365. Tú eres un regalo único para ofrecer a este mundo. Steve Maraboli.
366. Sé fiel a ti mismo, sé amable contigo mismo, lee y aprende acerca de todo lo que te interesa y mantente alejado de las personas que te depriman. Steve Maraboli.
367. Cuando tú te tratas amablemente y respetas la singularidad de los que te rodean, este mundo te va a dar un regalo increíble... ¡¡TÚ!! Steve Maraboli.

368. Tú tienes el poder para sanar tu vida, y necesitas saber eso. Creemos con tanta frecuencia que no podemos hacer nada, pero no es así. Siempre tenemos el poder de nuestra mente... Reclama conscientemente usar tu poder. Anónimo.
369. Nos sentimos desgraciados porque pensamos que somos meros individuos, solos con nuestros miedos, defectos, el resentimiento y la mortalidad. Por suerte no es así. Elizabeth Gilbert.
370. Un monstruo se negó a comportarse como un monstruo. Cuando un monstruo deja de comportarse como un monstruo, ¿no se deja de ser un monstruo?. Kristin Cashore.
371. En tu propia vida es importante saber lo espectacular que eres. Steve Maraboli.
372. Soy mi propio experimento. Soy mi propia obra de arte. Madonna.
373. No puedes pensar lo peor de mí más que yo mismo. Robert Burton.
374. Cree en ti mismo aquí y ahora, y te hará más fuerte de lo que jamás podría imaginar. Sarah Dessen.
375. La vida es como la primera rebanada de un sándwich cuando se empieza. Y la muerte es como la última rebanada. Lo que se pone en el medio de las rebanadas, depende de ti. ¿Se trata de sabroso sándwich o es algo amargo?. Allan Rufus.
376. Recuerde, usted ha estado criticándose durante años y no ha funcionado. Trate de aprobarse a sí mismo y ver lo que pasa. Louise L. Hay.
377. Yo solía ser consciente de mi altura, pero luego pensé, qué más da, soy Harry Potter. Daniel Radcliffe.
378. El diálogo refleja tus sentimientos más íntimos. Asa Don Brown.
379. Me aman y me odian, pero te juro que no van a lograr que rompa conmigo mismo. Lil Wayne.
380. No apruebo completamente algunas de las cosas que he hecho, pero así ha sido. Yo soy yo. Dios lo sabe que yo soy yo. Elizabeth Taylor.
381. El comerciante inteligente no pelea con sus competidores. El trabajador sensato no rebaja a quienes trabajan con él. Así pues, no golpees a tus amigos. No golpees a tus enemigos. No

te golpees a ti mismo. Alfred Lord Tennyson.

382. A menudo, las relaciones románticas fracasan porque estás tratando de conseguir que alguien se enamore de ti de una forma que tú nunca has logrado hacerlo sobre ti mismo. Shannon L. Alder.

383. Nadie tiene una buena opinión de un hombre que tiene una baja opinión de sí mismo. Anthony Trollope.

384. Hay tantas cosas más importantes de qué preocuparse que de la forma en que soy percibida por los demás... Dennis Lehane.

385. Nuestro miedo más profundo no es que seamos inadecuados. Nuestro miedo más profundo es que somos poderosos más allá de toda medida. Marianne Williamson.

386. Es nuestra luz, no nuestra oscuridad lo que más nos asusta. Nos preguntamos, ¿Quién soy yo para ser brillante, magnífico, talentoso y fabuloso? En realidad, ¿quién eres tú para no serlo?. Marianne Williamson.

387. Nunca hay que subestimarse a sí mismo. Carolyn Mackler.

388. Usted sólo tiene que decirse a sí misma:"¡¡Yo no estoy dispuesta a aceptar cualquier cosa menos de lo que merezca!! ¡¡Estoy lista!! ¡¡Soy hermosa!! ¡¡Soy una buena mujer y merezco ser feliz!!" Todo comienza con usted. Amari Alma.

389. La mujer de estilo victoriano se convirtió en sus ovarios, como la mujer de hoy se ha convertido en su belleza. Naomi Wolf.

390. Es difícil sentir el deseo cuando uno no se siente deseable. Christine Feehan.

391. En el centro de tu corazón, eres perfecto y puro. Nadie ni nada puede alterar eso. Amit.

392. Si quieres encontrar la verdadera competencia, sólo mírate en el espejo. Después de un tiempo verás tus rivales luchando por el segundo puesto. C.Jami.

393. Lo que te define no es cuántas veces te estrellas, sino el número de veces que vuelas. Sarah Dessen.

394. No es mi responsabilidad de ser hermosa. No estoy viva para ese propósito. Mi existencia no se trata de que me encuentres deseable. Warsan Shire.

395. Tú puedes ser el único que no cree en ti, pero es suficiente. Tan sólo una estrella puede perforar un universo de oscuridad. Nunca te des por vencido. Richelle E. Goodrich.
396. En cada momento estamos absolutamente perfectos para lo que se requiere en nuestro viaje. Steve Maraboli.
397. A pesar de lo divertido que es que nadie te pida nada, después de un tiempo empiezas a sentir que tal vez no tienes nada que vale la pena dar. Lev Grossman.
398. Si no sabes lo que quieres, nunca lo encontrarás. Rob Liano.
399. Si no sabes lo que te mereces, siempre te conformarás con menos. Rob Liano.
400. He conocido el amor de la amistad, el amor de padres, el amor familiar, el amor romántico y el amor no correspondido, pero el único amor que hizo la diferencia fue el amor propio. Shannon L. Alder.
401. El amor por mi mismo no necesita la confirmación por parte del mundo u otra persona. Shannon L. Alder.
402. Cuando finalmente te amas, entonces se pueden hacer cosas increíbles con tu vida. Shannon L. Alder.
403. Los ganadores más grandes del mundo han sido los que siempre he estado centrados en sus objetivos y han sido consistentes en sus esfuerzos. Roopleen.
404. Incluso las modelos que vemos en las revistas desean poder parecerse a sus propias imágenes. Cheri K. Erdman.
405. El precio que te pones decide tu valor. La subestimación de ti mismo te costará muy caro. Apoorve Dubey.
406. El único conflicto real que tendrás siempre en tu vida no va a ser con los demás, va a ser contigo mismo. Shannon L. Alder.
407. Puedes tener cualquier cosa que quieras si estás dispuesto a renunciar a la creencia de que no lo puedes tener. Dr. Robert Anthony.
408. Nunca vas a poder cruzar el océano hasta que tengas el coraje de dejar de ver la costa. Cristobal Colón.
409. Nuestra mayor gloria no está en no caer nunca, sino en levantarnos cada vez que caemos. Confucio.

410. No tienes control sobre los gustos de otros, por tanto enfócate en ser fiel a ti mismo. Tim Gunn.
411. Tus circunstancias presentes no determinan a dónde vas; simplemente determinan dónde comienzas. Nido Qubein.
412. Lleva una sonrisa y ten amigos; lleva el ceño fruncido y ten arrugas. George Eliot.
413. No son tus años de vida lo que cuenta, sino la vida en tus años. Abraham Lincoln.
414. Soy más grande que el cuerpo en el que estoy. Anónimo.
415. El primer paso hacia el ser amado es aprender a amar lo que ves cuando te miras en el espejo. Tadahiko Nagao.
416. Deja de tratar de "arreglarte" a ti mismo; ¡¡no estás roto!!, estás perfectamente imperfecto y poderoso sin medida. Steve Maraboli.
417. Cuando me amé lo suficiente, ya no necesitaba cosas o personas para que me sintiera seguro. Kim McMillen.
418. Si no te gusta algo, cámbialo; si no lo puedes cambiar, cambia la forma en que piensas sobre ello. Mary Engelbreit.
419. En la confrontación entre el arroyo y la roca, el arroyo siempre ganará, no por la fuerza, sino por la persistencia. Buda.
420. Nunca dejes a nadie en el mundo decirte que no puedes ser exactamente quien tú eres. Lady Gaga.
421. Sólo si me siento valioso por ser como soy, puedo aceptarme, puedo ser auténtico, puedo ser verdadero. Jorge Bucay.
422. Al mundo no le importará tu autoestima. El mundo esperará que logres algo, independientemente de que te sientas bien o no contigo mismo. Bill Gates.
423. Yo debería estar en un sello postal. Es la única forma de que me puedan pegar. Muhammad Alí.
424. Cuando te amas y te respetas a ti mismo, la desaprobación de alguien no es nada que haya que temer o evitar. Wayne Dyer.
425. ¿Qué es lo que hace que una persona se deteste a sí misma? Quizás la cobardía. O el eterno miedo de equivocarse, de no hacer lo que los otros esperan. Paulo Coelho.
426. La religión de todos los hombres debe ser la de creer en sí mismos. Jiddu Krishnamurti.

427. Todos sabemos que la autoestima viene de lo que tu piensas de ti mismo, no de lo que los demas piensan de ti. Gloria Gaynor.
428. El amor a uno mismo es el punto de partida del crecimiento de la persona que siente el valor de hacerse responsable de su propia existencia. Viktor Frankl.
429. Tú eres quien determina lo que vales sin necesidad de dar explicaciones a nadie. Wayne Dyer.
430. Las personas que piensan que no son capaces de hacer algo, no lo harán nunca, aunque tengan las aptitudes. Indira Gandhi.
431. Encanto es lo que tienen algunos hasta que empiezan a creérselo. Simone de Beauvoir.
432. Jamás te persigas creyendo que ya deberías sentirte mejor. Tus tiempos son tuyos. Recuerda que el peor enemigo en el duelo es no quererse. Jorge Bucay.
433. Invertir en ti mismo es lo mejor que puedes hacer. No solo conseguirás mejorar tu vida sino también las de quienes te rodean. Robin S. Sharma.
434. Cultivemos esa autoestima y saquemos adelante esa visión global de nuestro planeta. Rigoberta Menchú.
435. La autoestima es un sentimiento basado en sentirse capaz y amado. Jack Canfield.
436. Lo que necesitas es tener confianza y disciplina cuando todavía no eres un ganador. Cuando lo eres, es muy fácil. Vince Lombardi.
437. Tu propio valor que es un hecho en sí no tiene nada que ver con tu comportamiento ni con tus sentimientos. Wayne Dyer.
438. La satisfacción de la necesidad de autoestima conduce a sentimientos de autoconfianza, valía, fuerza, capacidad y suficiencia, de ser útil y necesario en el mundo. Abraham Maslow.
439. La autoestima y el amor a sí mismo son lo opuesto al temor; mientras más se quiera, menos temor tendrá de hacer cualquier cosa. Brian Tracy.
440. Las personas con alta autoestima no se sienten superiores a los demás; no buscan probar su valor comparándose con los demás. Nathaniel Branden.

441. ¿Cómo ocuparse de los demás si uno no se ocupa de sí mismo? ¿Cómo hacer el bien si ni siquiera te sientes bien? No puedo amar si no sé amarme a mí mismo. Robin S. Sharma.
442. Los hombres se fijan a sí mismos su precio, alto o bajo, según les parece, y cada uno vale el precio en que se estima. Epicteto.
443. Existe una evidencia muy grande de que cuanto mayor sea nuestra autoestima mejor vamos a poder tratar a los demás. Nathaniel Branden.
444. La meta principal es la autorrealización intima del Ser, no debe descuidarse por las metas secundarias, y el mejor servicio que puede hacerse a los demás es la liberación de uno mismo. Buda.
445. La autoestima es la reputación que adquirimos de nostros mismos. Nathaniel Branden.
446. Hay dos cosas que desarrollan la autoestima. Una de ellas es la calidad de las relaciones, donde sientes que eres digno de ser amado y que estás marcando una diferencia en las vidas de los demás. Y la otra es lograr cosas. Jack Canfield.
447. Nada beneficia más que la autoestima, basada en lo que es justo y correcto. John Milton.
448. Obligarse uno mismo a hacer lo que sabe que es correcto e importante, aunque difícil, es el mejor camino hacia el orgullo, la autoestima y la satisfacción personal. Margaret Thatcher.
449. Cuando estás conectado a una fuente común con otra persona a traves de la conversación, la meditación, jugando con tus hijos y todo este tipo de cosas, es cuando tu autoestima aumenta. Jack Canfield.
450. Sólo cuando domines el arte de amarte a ti mismo podrás amar de verdad a los demás. Robin S. Sharma.
451. Las personas con alta autoestima disfrutan siendo quienes son, no siendo mejor que los demás. Nathaniel Branden.
452. Valórate como hombre libre o esclavo, que esto no depende más que de ti. Epicteto.
453. Qué las opiniones en contra no sean un freno, sino un aliciente. Anónimo.
454. Ni caso al que te menosprecia, no se ha molestado en conocer-

te. Anónimo.

455. Una persona sin autoestima tan solo se siente mejor atacando la tuya. Anónimo.
456. A estas alturas de mi vida lo que piensen los demás de mi, es algo que ni me preocupa. Anónimo.
457. Creo recordar que una vez intenté ser normal, pero estoy intentando borrarlo de mi mente por los malos recuerdos que me trae. Anónimo.
458. Cuidado con las cosas que dices, todo lo que deseas a los demás siempre vuelve a ti. Anónimo.
459. No hay mejor maestro que el tiempo. Anónimo.
460. Envejecemos cuando se nos arruga la mente y no la piel. Anónimo.
461. Solo los que han caído hasta lo más hondo saben lo hermoso que es volar. Anónimo.
462. El mejor de los maquillajes es una sonrisa sincera. Anónimo.
463. La cultura no se mide por el número de libros que tienes en casa. Anónimo.
464. Si hablo solo es porque me caigo bien. Anónimo.
465. Los mejores somos aquellos que nacemos en años pares e impares. Anónimo.
466. Empezar desde abajo y triunfar es uno de los mayores placeres que se pueden vivir en esta vida. Anónimo.
467. Si mides a un niño por su habilidad para entender la formación y el funcionamiento de los agujeros negros, le harás pensar toda su vida que es un tonto. Anónimo.
468. Antes de juzgar a nadie, primero limpia tu vida no sea que todo lo que digas se vuelva en contra tuya. Anónimo.
469. Cuida a los demás como te gustaría que te cuidaran a ti y así recibirás el cuidado que te mereces. Anónimo.
470. Que nadie quite valor a tus sentimientos, demuéstrale lo que valen. Anónimo.
471. Los rumores no definen la persona que eres. Lo único que te define son tus acciones y no aquello que digan de ti. Anónimo.
472. Somos como una caja, cuando alguien nos rompe sale lo que llevamos dentro. Anónimo.

473. Soñar es muy fácil, lo difícil es convertir los sueños en realidad. Anónimo.
474. La actitud es eso capaz de que cumplas tus deseos o fracases por no intentarlo. Anónimo.
475. Vive tranquilo, incluso el peor día que vivas en la vida no tendrá más de 24 horas. Anónimo.
476. En tu vida te vas a encontrar muchos bancos de niebla, pero recuerda siempre que después siempre aparece el sol. Anónimo.
477. Yo valgo porque lo se. Anónimo.
478. Tus decisiones son tuyas, no dejes que los comentarios de los demás decidan por ti. Anónimo.
479. El peor insulto que le puedes decir a una persona , es decirle la verdad. Anónimo.
480. Me sentía un tonto al navegar por el mar cuando sabia volar por los cielos. Anónimo.
481. No eres la segunda opción de nadie, no lo permitas jamás. Anónimo.
482. Más tarde o más temprano, todo se acaba sabiendo. Anónimo.
483. Si me quieres, acéptame por lo que he sido y no limites lo que quiero llegar a ser. Anónimo.
484. No cambies tu forma de ser por gustar a los demás, lo más importante es gustarse a uno mismo. Anónimo.
485. Que nadie te diga que no vales nada, quien de verdad te quiere nunca te pondría precio. Anónimo.
486. Me gustaría que mis sueños fueran la más pura realidad y mi realidad un profundo sueño. Anónimo.
487. Con el tiempo quizás no olvides, pero si acabes entendiendo la razón de las cosas. Anónimo.
488. Libérate de las etiquetas que otros te han puesto sin conocerte. Anónimo.
489. Me gusto como soy, si te parece mal ni te molestes en decírmelo. Me dará igual. Anónimo.
490. Las pequeñas cosas que hacemos en la vida por los demás son aquellas que nos hacen grandes. Anónimo.
491. ¡¡Créetelo. Tienes la aptitud necesaria para ser feliz, ahora solo

te falta la actitud!!. Anónimo.

492. Tú sabes todo lo que vales, no permitas que nadie te diga lo contrario. Anónimo.
493. No nos hacemos viejos, nos hacemos clásicos. Anónimo.
494. No hay nadie tan importante que te pueda amargar el día. Anónimo.
495. Prefiero ser yo mismo antes que ser normal. Anónimo.
496. Somos nuestros hechos y no nuestras intenciones. Anónimo.
497. Gustar a los demás está bien, pero gustarse a uno mismo es infinitamente mejor. Anónimo.
498. Hay personas que mientras más se haga por ellos, menos harán por sí mismos. Jane Austen. Anónimo.
499. A todos esos que estáis esperando mi caída os podéis sentar y esperar, no pienso ponéroslo fácil. Anónimo.
500. Que nada ni nadie pueda hundirte jamás, lucha por ganar, y si pierdes, vuélvelo a intentarlo. Anónimo.
501. No necesito gustar a todo el mundo, puedes tener claro que no voy a cambiar por agradarte a ti. Anónimo.
502. Lo importante no es los años que vivas, lo que importa es como los vivas. Anónimo.
503. No existe nada mejor en la vida que vivirla para los demás. Anónimo.
504. Si tienes una primera opción, no busques en ninguna otra. Anónimo.
505. Hay días que lo único que necesitamos es silencio. Anónimo.
506. Si tu vida no tiene sentido, empieza a vivir de nuevo. Anónimo.
507. Soy una persona con muchos defectos maravillosos. Anónimo.
508. Que nada ni nadie nos impida jamás ser felices ni cumplir nuestros sueños. Anónimo.
509. Imagínate que pudieras decir eso que jamás te han dejado contar. Anónimo.
510. Si una buena razón es estar, la mejor razón es ir. Anónimo.
511. No puede hacerte daño aquel que te critica por sus malas acciones. Anónimo.
512. Que nadie acabe con tu fuerza interior. Recuerda que tu enemi-

go tiene puntos débiles. Anónimo.
513. No puedes gustar a todo el mundo, pero no por ello has de cambiar tu forma de ser. Anónimo.
514. Nunca es tarde para empezar de nuevo. Anónimo.
515. Me gusto como soy y no tengo porque avergonzarme cuando lo digo. Tú me llamas creído/a. y yo digo que tengo la autoestima muy alta. Anónimo.
516. Si tú no te gustas ¿cómo esperas gustar a los demás?. Anónimo.
517. Lo que importa no es nuestra apariencia, lo que verdaderamente es importante es como somos por dentro. Anónimo.
518. Soy fan de mi propia vida y vivo para mejorarla día a día. Anónimo.
519. Nunca digas no, di simplemente, lo intentaré. Anónimo.
520. No te valores como te valoran los demás, valórate por el valor que te das a ti mismo. Anónimo.
521. Estamos rodeados de gente muy rara que van de personas normales y patinan en sus locuras. Anónimo.
522. Es grande saber lo pequeños que somos. Anónimo.
523. Nunca olvides que tu y solo tu, eres el final de tu propio camino. Anónimo.
524. La opinión de los demás sobre ti no va a definir quien eres, dales la importancia justa. Anónimo.
525. Acéptate a ti mismo tal y como eres para ser libre. Anónimo.
526. No te preguntes lo que puedes ser en la vida, simplemente lucha para ser el mejor. Anónimo.
527. Ser grandes es tratar a los que nos rodean con educación. Anónimo.
528. Para poder como volar como un halcón no puedes vivir como un pato. Anónimo.
529. Si por el camino de la vida tropiezas, te lastimas o sufres, no pasa nada, levántate y vuelve emprender tu camino. Ahora ya sabes por donde no volver a caminar. Anónimo.
530. Si crees en ti mismo, no habrá nada que pueda contigo. Anónimo.
531. Para llegar a la meta lo único que tienes que hacer es no dete-

nerte. Anónimo.

532. Cuando haces bien las cosas nadie se acuerda. El día que hagas una cosa mal nadie lo olvidará. Anónimo.

533. Mira atrás solo para ver el camino que te ha llevado a la victoria. Anónimo.

534. Lo importante no es lo que consigue en la vida, lo que importa es en quien te conviertes cuando lo consigues. Anónimo.

535. La mente es la que te pone barreras que solo con tu decisión puedes superar. Anónimo.

536. Un día cuando menos lo esperes descubrirás que en tu interior hay alguien que tiene una fuerza descomunal para acabar con esos peligros que parecen imposibles y que tanto miedo nos dan. Anónimo.

537. Incluso las patadas en el trasero sirven para ayudarte a coger impulso. Anónimo.

538. No olvides que todo tiempo malo tiene un final. Anónimo.

539. Innova en tu vida y tu vida será distinta cada día. Anónimo.

540. Quien no es caritativo en la riqueza, no espere complacencia en la pobreza. Anónimo.

541. Me gusta como soy, no necesito que tú me lo recuerdes con tu sonrisa complaciente. Anónimo.

542. La vida hay que vivirla con la dignidad que nos permita el día que dejemos este mundo, irnos con la cabeza alta sabiendo que hemos realizado grandes acciones. Anónimo.

543. No te fies de los manuales, crea tu propio manual. Anónimo.

544. Si te gusta decir lo que piensas de los demás, ten cuidado, seguro que no te gustará que te digan lo que piensan de ti. Anónimo.

545. Casi siempre lo más difícil es pensar en uno mismo, pero en ocasiones es necesario. Anónimo.

546. El "te quiero" está fenomenal, pero nada comparado con el "estás más delgada". Anónimo.

547. No hace falta que me digas lo fantástica que soy, mi espejo me lo recuerda cada mañana. Anónimo.

548. Creer en uno mismo es la mejor receta para tener éxito. Anónimo.

549. Lo que importa es el valor de las cosas, no el precio. Anónimo.

550. No esperes el reconocimiento de los demás para ser feliz, el tuyo propio será el que te otorgue la felicidad. Anónimo.
551. Soy así, no pretendo ser una versión de lo que tú quieres que sea. Anónimo.
552. Muchas veces tu mayor enemigo eres tu mismo. Anónimo.
553. No borres el pasado. Escribe el futuro. Anónimo.
554. Que no te asusten los problemas, tu fuerza para superarlos siempre será más fuerte que ellos. Anónimo.
555. Dicen que no tengo las medidas perfectas, pero mi espejo me dice que soy el/la más guapo/a. Anónimo.
556. Si no cuidas de mi en tu presente, no esperes nada de mi en el futuro, para mi seras solamente pasado. Anónimo.
557. No sufras por lo que no tienes, la gente te quiere por lo que eres. Anónimo.
558. El silencio es la mejor venganza. Anónimo.
559. Todo el mundo tiene dos vidas. Una es la que nosotros nos creemos y la otra la que se inventan los demás. Anónimo.
560. Para impresionar a los demás tan sólo necesitas ser tú. Anónimo.
561. Tal vez no pueda cambiar el pasado, pero siempre podré hacer algo para mejorar el futuro. Anónimo.
562. Mientras tú no creas en ti mismo, no pidas que lo hagan los demás. Anónimo.
563. Eso que tú criticas en mi y que llamas defecto, es lo que me hace único/a. Anónimo.
564. Tan equivocado es creerse más que nadie, como sentirse menos que los demás. Anónimo.
565. Tus lágrimas no muestran tu debilidad, sino que tienes sentimientos. Anónimo.
566. Cuando te caigas y llegues al suelo, piensa que ahora sólo puedes ir hacia arriba. Anónimo.
567. Antes de gustar a los demás por lo que quieren que seas, debes gustarte a ti por lo que realmente eres. Anónimo.
568. Lo que ves en un espejo es el reflejo del triunfo y de la fuerza, que nadie te diga lo contrario. Anónimo.
569. No te avergüences de ser como eres, quien no te quiere así, no

merece tu compañía. Anónimo.

570. El mejor reconocimiento de tus actos es el que tú mismo te otorgas, ese es el que te crees de verdad. Anónimo.

571. Camina segura y con la cabeza erguida, eres la única que puede juzgar tus pasos. Anónimo.

572. Cuando tú comiences a ver lo mejor que hay en ti, podrás enseñárselo a los demás. Anónimo.

573. No importa lo lejos que llegues, si en el camino has dado lo mejor de ti. Anónimo.

574. Si no crees en ti mismo ¿Por qué han de hacerlo los demás?. Anónimo.

575. Nunca harás el ridículo si te muestras como eres, sólo lo harás cuando intentes mostrar lo que no eres. Anónimo.

576. No esperes que nadie haga por ti, lo que sólo tú puedes conseguir. Anónimo.

577. Si no te gustas a ti mismo, no conseguirás gustar a los demás. Anónimo.

578. Por ser como eres todos te queremos, por eso debes sentirte orgulloso. Anónimo.

579. Tan pronto como confíes en ti mismo, sabrás cómo vivir. Goethe.

580. Encuéntrate y sé tú mismo; recuerda que no hay nadie como tú. Dale Carnegie.

581. No esperes que los demás te quieran si no sabes quererte a ti mismo. Anónimo.

582. Si no fuera lo que soy, seria algo que no me gustaría ser. Anónimo.

583. Pena dan aquellos que muestran su vida como la mejor cuando en realidad son vidas deprimentes y oscuras. Anónimo.

584. Conócete a ti mismo para dar lo mejor de ti. Anónimo.

585. Traza la meta, hoy es tu día para conseguirlo. Anónimo.

586. Conócete a ti mismo y verás la inmensidad de tu personalidad. Anónimo.

587. Un fracaso solo puede ser vencido con un éxito. Anónimo.

588. La fuerza esta en tu interior, búscala. Anónimo.

589. La humildad es la vanidad bien administrada. Anónimo.

590. Aquel que en su vida se dedica a dar pena, da pena. Anónimo.

591. ¡¡¡Pon tu futuro en buenas manos... las tuyas!!!. Anónimo.
592. Si realmente te pones un precio bajo, los demás no lo van a aumentar por ti. Anónimo.
593. La autoestima y la confianza no vienen de tener siempre la razón, sino de no tener miedo a equivocarse. Anónimo.
594. Sólo una cosa hace imposible un sueño: miedo a fracasar. Paulo Coelho.
595. El hombre más poderoso es el que se domina a sí mismo. Séneca.
596. Fija tus ojos hacia adelante en lo que puedes hacer, no hacia atrás en lo que no puedes cambiar. Tom Clancy.
597. Lo importante en la vida no es superar a los demás, sino superarnos a nosotros mismos. Thomas L. Monson.
598. Ningún hombre ha sido sabio de casualidad. Séneca.
599. Nosotros tenemos que ser el cambio que queremos ver en el mundo. Gandhi.
600. Si quieres cambiar el mundo, tienes que empezar por cambiarte a ti mismo. Sócrates.
601. Todo lo que la mente puede concebir y creer, la mente puede alcanzar. Napoleón Hill.
602. Un poco de conocimiento que actúa es mucho más valioso que tener conocimiento y no actuar. Kahlil Gibrán.
603. El hombre tiene la facultad de modificar su vida modificando su actitud mental. William James.
604. Tú tienes dentro de ti todo lo que necesitas para superar los desafíos de la vida. Brian Tracy.
605. No podemos resolver problemas pensando de la misma manera que cuando los creamos. Albert Einstein.
606. Nunca encontrarás tiempo para nada. Tienes que fabricarlo. Charles Buxton.
607. El único descubrimiento verdadero consiste no en encontrar nuevos territorios, sino en mirar con nuevos ojos. Marcel Proust.
608. Nos pueden quitar todo excepto una cosa, una última libertad humana, elegir qué actitud adoptamos ante las circunstancias. Victor Frank.

609. La felicidad depende de nosotros. Aristóteles.
610. Solo yo puedo cambiar mi vida. Nadie puede hacerlo por mí. Carol Burnett.
611. Los obstáculos son esas cosas espantosas que ves cuando apartas los ojos de tu meta. Henry Ford.
612. Aquéllo que la mente puede concebir y creer, puede alcanzar. Napoleón Hill.
613. Todo lo que puedas imaginar vívidamente, desear ardientemente, creer sinceramente y poner en práctica con entusiasmo, ¡¡ocurrirá inevitablemente!! Paul J. Meyer.
614. Alcanzan el éxito aquellos que lo intentan y lo siguen intentando con una actitud mental positiva. W. Clement Stone.
615. Un entusiasmo ardiente, respaldado por sentido común y persistencia, es la cualidad que con más frecuencia lleva al éxito. Dale Carnegie.
616. Los optimistas, tienen razón. Los pesimistas también. De nosotros depende escoger qué seremos. Harvey Mackay.
617. Si estás pasando por un infierno, sigue avanzando. Winston Churchill.
618. No puedes intentar hacer las cosas, debes hacerlas. Ray Bradbury.
619. Con frecuencia una alegría improvisada vale más que una tristeza cuya causa es verdadera. Sepamos, pues, improvisar nuestra alegría. Descartes.
620. Haríamos muchas más cosas si creyéramos que son muchas menos las imposibles. Chrétien G. de Lamoignan de Malesherbes.
621. Es más fácil obtener lo que se desea con una sonrisa que con la punta de la espada. William Shakespeare.
622. Confía en ti y sabrás cómo vivir. Goethe.
623. Solamente aquel que construye futuro tiene derecho a juzgar el pasado. Friedrich Nietzsche.
624. Es duro caer, pero es peor no haber intentado nunca subir. Theodore Roosevelt.
625. Cada problema tiene en si la semilla de su propia solución. Si usted no tiene ningun problema, no va a tener ninguna semilla. Norman Vincent Peale.

626. Porque nadie puede saber de ti. Nadie puede crecer por ti. Nadie puede buscar por ti. Nadie puede hacer por ti lo que tú mismo debes hacer. La existencia no admite representantes. Jorge Bucay.
627. No somos responsables de las emociones, pero sí de lo que hacemos con las emociones. Jorge Bucay.
628. He visto que cada persona de éxito con la que he hablado, ha tenido en su vida un momento crítico que ha cambiado su vida. Brian Tracy.
629. Es en el momento crítico donde la persona toma la decisión de que no iba a vivir nunca más así. Brian Tracy.
630. Algunas personas toman la decisión de cambiar su vida a los 15 años, otras a los 50 y otras no la toman nunca. Brian Tracy.
631. La energía es contagiosa: puedes afectar o infectar a otros. T. Harv Eker.
632. Si crees que hay algo que deberías estar haciendo, deja de pensar y hazlo, simplemente. Wanda Sykes.
633. Si tu mal tiene remedio ¿por qué te quejas? Si no lo tiene ¿por qué te quejas?. Proverbio oriental.
634. Acepta todo acerca de tí mismo, quiero decir todo. Tú eres tú y ese es el principio y el fin, sin disculpas ni arrepentimientos. Clark Moustakas.
635. Solo si me siento valioso por ser como soy, puedo aceptarme, puedo ser auténtico, puedo ser verdadero. Jorge Bucay.
636. Somos lo que hacemos, pero principalmente somos lo que hacemos para cambiar lo que somos. Eduardo Galeano.
637. El éxito más grande es la aceptación de uno mismo. Ben Sweet
638. Mi gran error, aquel por el cual no puedo perdonarme, es el día en que dejé mi obstinada búsqueda de mi individualidad. Óscar Wilde.
639. No podemos cambiar nada, hasta que lo aceptemos. La condena no libera, oprime. Carl Jung.
640. Hasta que no te reconcilies con lo que eres, nunca estarás contento con lo que tienes. Doris Mortman.
641. Ningún hombre puede sentirse cómodo sin tener su propia

aprobación. Mark Twain.

642. Las mentiras más devastadoras para nuestra autoestima no son tanto las que decimos como las que vivimos. Nathaniel Branden.

643. No sé cuál es la clave del éxito, pero la clave del fracaso es tratar de complacer a todos. Bill Cosby.

644. Deja que el mundo sepa como eres, no como crees que deberías ser, porque tarde o temprano, si estás actuando, te olvidarás. ¿Y dónde estarás tú?. Fanny Brice.

645. El mayor peligro de engañar a los demás, está en que uno acaba inevitablemente por engañarse a sí mismo. Eleonora Doset.

646. Cuando intentamos vivir de una manera poco auténtica, siempre somos nuestra primera víctima, ya que, en definitiva, el fraude va dirigido contra nosotros mismos. Nathaniel Branden.

647. Mi gran error, aquel por el cual no puedo perdonarme, es el día en que dejé mi obstinada búsqueda de mi individualidad. Óscar Wilde.

648. Quien es auténtico, asume la responsabilidad por ser lo que es y se reconoce libre de ser lo que es. Jean Paul Sartre.

649. Cada uno de nosotros está en la Tierra para descubrir su propio camino y jamás seremos felices si seguimos el de otro. James Van Praagh.

650. La disposición a aceptar la responsabilidad de nuestra propia vida, es el origen de donde surge el autorespeto. Joan Didion.

651. La independencia es una virtud de la autoestima. Nathaniel Branden.

652. Si uno está dispuesto a hacer el esfuerzo, si uno genera el coraje necesario para emprender la búsqueda de la independencia, el beneficio de la confianza y el respeto por sí mismo serán virtualmente inmediatos. Nathaniel Branden.

653. Liberarnos de las expectativas de los demás, volver a nosotros mismos, ahí descansa el genial y singular poder del autorespeto. Joan Didion.

654. Respétate a ti mismo si quieres que otros te respeten. Baltasar Gracián.

655. No pueden quitarnos nuestro autorespeto, si no se lo damos. Mohandas Gandhi.
656. El respeto comienza con uno mismo. Nathaniel Branden.
657. Lo importante no es lo que yo piense de él, sino lo que él piense de sí mismo. Antoine de Saint Exupery.
658. El autorespeto es la piedra angular de todas las virtudes. John Herschel.
659. El que se respeta a sí mismo está a salvo de otros. Viste una cota de malla que nadie puede perforar. Henry Wadsworth Longfelow.
660. No puedo concebir una pérdida mayor, que la pérdida del autorespeto. Mahatma Gandhi.
661. Aprobarse y aceptarse a sí mismo en el ahora es el primer paso hacia un cambio positivo en todos los ámbitos de la vida. Louise L. Hay.
662. A donde quiera que vayas y con quien quiera que te encuentres, allí hallarás a tu propio amor esperándote. Louise L. Hay.
663. Hoy es un emocionante día de tu vida. Estás viviendo una maravillosa aventura, nunca volverás a pasar por esta misma experiencia. Louise L. Hay.
664. Una tragedia puede llegar a ser el mayor de nuestros bienes si nos la tomamos de una manera que nos permita crecer. Louise L. Hay.
665. No puedes aprender las lecciones de los demás en su nombre. Todos deben hacer por sí mismos el trabajo, y así lo harán cuando estén preparados. Louise L. Hay.
666. Indaga en tu corazón en busca de las injusticias que aun recordando, perdónalas y deja que se vayan. Louise L. Hay.
667. Cada vez que emites un juicio o una crítica, estás enviando algo que terminará por volver a ti. Louise L. Hay.
668. Decídete a creer que es fácil cambiar un pensamiento o una pauta. Louise L. Hay.
669. El enfado es un mecanismo de defensa. Si estás a la defensiva es porque tienes miedo. Louise L. Hay.
670. Si quieres que tu familia te ame y te acepte, entonces debes amarlos y aceptarlos tú a ellos. Louise L. Hay.

671. El comportamiento de los niños es un reflejo del de los adultos. Examina que te impide amarte y disponte a liberarte de ello. Serás un maravilloso ejemplo para tus hijos. Louise L. Hay.
672. Al fin y al cabo, todo es temporal. Louise L. Hay.
673. Creamos situaciones y después renunciamos a nuestro poder culpando a otros de nuestras frustraciones. Louise L. Hay.
674. No hay persona, lugar ni cosa que tenga ningún poder sobre nosotros. Louise L. Hay.
675. En nuestra mente, sólo pensamos nosotros. Louise L. Hay.
676. Pide ayuda. Dile a la vida lo que quieres y deja que suceda. Louise L. Hay.
677. ¿Cómo tratas a los ancianos? Lo que hoy das es lo que has de encontrar mañana cuando envejezcas. Louise L. Hay.
678. El resentimiento, la crítica, la culpa y el miedo aparecen cuando culpamos a los demás y no asumimos la responsabilidad de nuestras propias experiencias. Louise L. Hay.
679. No hace falta saber cómo perdonar. Basta estar dispuesto a hacerlo, del cómo ya se ocupará el universo. Louise L. Hay.
680. Todos somos maestros y alumnos. Pregúntate: ¿Qué vine a aprender aquí y qué vine a enseñar?. Louise L. Hay.
681. Utilizamos el diez por ciento de nuestro cerebro. Louise L. Hay.
682. Si vas a escuchar a la gente, escucha a los triunfadores. Escucha a las personas que saben lo que hacen y que demuestran el valor de lo que hacen. Louise L. Hay.
683. Si esperamos a ser perfectos para amarnos a nosotros mismos, perderemos la vida entera. Ya somos perfectos, aquí y ahora. Louise L. Hay.
684. Aquello en que se fija la atención es lo que crece y se consolida. Louise L. Hay.
685. Apártese de lo negativo para fijar la atención en aquello que realmente quiere ser o tener. Louise L. Hay.
686. Dejemos que los recuerdos no sean más que recuerdos. Louise L. Hay.
687. En lo más profundo de tu ser hay un infinito manantial de amor. Louise L. Hay.

688. Para cambiar tu vida por fuera, primero debes cambiar tú por dentro. Louise L. Hay.
689. En el momento en que te dispones a cambiar, es asombroso cómo el universo comienza ayudarte, y te trae lo que necesitas. Louise L. Hay.
690. Si no te amas total, entera y plenamente, es porque en algún momento aprendiste a no amarte. Pero puedes desaprenderlo. Empieza a ser amable contigo ahora mismo. Louise L. Hay.
691. Confíe en su Guía Interior, que le revelará todo lo que necesite saber. Anónimo.
692. El resultado de cada experiencia es el bien. No hay peligro en crecer. Louise L. Hay.
693. Nosotros creamos nuestras experiencias, nuestra realidad y todo lo que hay en ella. Louise L. Hay.
694. Cuando creamos en nuestra mente paz, armonía y equilibrio, eso es lo que encontramos en la vida. Louise L. Hay.
695. Te perdono por no ser como yo quería que fueras. Te perdono y te dejo libertad. Louise L. Hay.
696. La autoaprobación y la aceptación de uno mismo son las claves de los cambios positivos. Louise L. Hay.
697. El amor a nosotros mismos, (...), comienza por no criticarnos jamás por nada. Louise L. Hay.
698. Cada uno de nosotros está siempre trabajando con el niño que todos llevamos dentro. Louise L. Hay.
699. Nos pasamos la mayor parte del tiempo gritando a nuestro niño interior, y después nos preguntamos por qué será que nuestra vida no funciona. Louise L. Hay.
700. El amor es siempre la respuesta. Louise L. Hay.
701. Combatir lo negativo es una total pérdida de tiempo, si lo que usted realmente quiere es llevar a cabo cambios en su vida. Cuanto más insista en lo que no quiere, tanto más estará creándolo. Louise L. Hay.
702. Lo más probable es que las cosas que siempre le han disgustado, aún sigan formando parte de usted o de su vida, hasta que pongas remedio. Louise L. Hay.

703. Del pasado avanzo hacia lo nuevo, fresco y vital. Louise L. Hay.
704. Postergar las cosas es otra forma de resistencia. Louise L. Hay.
705. Si conocieras el poder de tus palabras, tendrías más cuidado con lo que dices. Louise L. Hay.
706. Cuando hay un problema, no hay nada que hacer; hay algo que saber. Louise L. Hay.
707. Hay un nivel en el que ser víctima es "maravilloso", porque entonces los responsables son los demás, y no nos corresponde a nosotros hacer cambios. Louise L. Hay.
708. No es mucho lo que podemos hacer por la gente que se siente culpable. O aceptan la información o no la aceptan. Deja que hagan lo que quieran. Louise L. Hay.
709. No es tuya la responsabilidad de que otros se sientan culpables. Louise L. Hay.
710. Cada vez que decimos "no sé", nos cerramos la puerta de nuestra propia fuente de sabiduría, que es infinita. Louise L. Hay.
711. Todo lo que necesito saber se me revela. Louise L. Hay.
712. Todo lo que necesito viene a mi. Louise L. Hay.
713. Todo está bien en mi mundo. Louise L. Hay.
714. Cuando bebés, éramos todo amor y alegría. Sabíamos lo importantes que éramos, nos sentíamos el centro del universo. Louise L. Hay.
715. Hemos de dejar marchar el pasado y perdonar a todo el mundo. Louise L. Hay.
716. Somos nosotros los que sufrimos cuando nos aferramos a agravios pasados. Louise L. Hay.
717. El poder está siempre en el momento presente. Este momento es lo único que tenemos. Louise L. Hay.
718. Sé que los pensamientos de mi mente son los responsables de mis condiciones de vida, de modo que elijo conscientemente mis pensamientos, para que sean positivos y me apoyen. Louise L. Hay.
719. Recuerdo con amor al niño o niña que fui, sabiendo que hice lo mejor que pude con la información, entendimiento y experiencia que tenía en ese momento. Louise L. Hay.

720. La forma en que empezamos cada día marca la tónica de las experiencias que tendremos y cómo reaccionaremos a ellas. Louise L. Hay.
721. La mayoría de nuestros problemas provienen de que rechazamos partes de nosotros mismos: no nos amamos total e incondicionalmente. Louise L. Hay.
722. La ley de la experiencia es siempre perfecta, siempre vamos más allá de nuestras expectativas y creencias. Louise L. Hay.
723. Mi trabajo consiste en devolver a mis clientes a esa época en la que realmente sabían amarse. Louise L. Hay.
724. Yo creo que la vida es realmente muy simple. Lo que recibimos del exterior es lo que antes hemos enviado hacia fuera. Anónimo.
725. No se puede poseer mayor gobierno, ni menor, que el de uno mismo. Leonardo Da Vinci.
726. No hay alivio más grande que comenzar a ser lo que se es. Alejandro Jodorowsky.
727. No trates de expulsar los pensamientos. Dales espacio, obsérvalos y déjalos ir. Jon Kabat-Zinn.
728. La sabiduría suprema es tener sueños bastante grandes para no perderlos de vista mientras se persiguen. William Faulkner.
729. La dicha de la fea, la hermosa la desea. Anónimo.
730. Si te caes siete veces, levántate ocho. Proverbio chino.
731. Todas las batallas en la vida sirven para enseñarnos algo, inclusive aquellas que perdemos. Paulo Coelho.
732. Ahora entendía que cualquier cosa que le pasara en su vida «buena» o «mala», sería exactamente lo que su alma necesitaba en ese momento para poder progresar. Eric Pearl.
733. Cuando aprendemos a vivir desde el alma, ocurren varias cosas. Tomamos conciencia de los exquisitos patrones y ritmos sincrónicos que gobiernan la vida. Deepak Chopra.
734. Reza, pero no dejes de remar hacia la orilla. Proverbio ruso.
735. La teoría es asesinada tarde o temprano por la experiencia. Albert Einstein.
736. Toda obra de arte debe ser seductora y si por ser demasiado original se pierde la cualidad de la seducción, ya no hay obra de

arte. Antonio Gaudí.

737. El hombre sabio es aquel que busca instruirse con todos los hombres. Proverbio israelita.

738. El hombre fuerte es aquel que sabe quebrar sus deseos. Proverbio israelita.

739. El hombre honrado es aquel que honra a los demás. Proverbio israelita.

740. Yo pinto las cosas como son. No comento. Henri de Toulouse-Lautrec.

741. Cualquier ser de la naturaleza está satisfecho de sí mismo cuando transita el camino apropiado, no admitiendo representación alguna falsa o incierta, dirige sus impulsos hacia el bien común y limita los deseos y las aversiones en la medida que dependen de él mismo. Marco Aurelio.

742. Hoy estás avanzando hacia formas que, una vez logradas, se mantendrán inmutadas e inmutables a lo largo del tiempo. Pier Luigi Nervi.

743. Cuando conectas con algo, esta conexión te da inmediatamente un sentido para vivir. Jon Kabat-Zinn.

744. Los que no han encontrado su verdadera riqueza, que es la alegría radiante del Ser y la profunda e inconmovible paz que la acompaña, son mendigos, incluso si tienen mucha riqueza material. Eckhart Tolle.

745. Tu cuerpo tiene la gran capacidad milagrosa de curarse a si mismo. Hiromi Shinya.

746. Tú puedes fabricar un éxito cuando quieras, cuando elijas se den los requisitos necesarios y puedes fabricar igualmente un fracaso total, cuando elijas los requisitos necesarios. Thomas Bernhard.

747. La esencia de la ciencia: formula una pregunta impertinente y estarás camino de la respuesta pertinente. Jacob Bronowski.

748. Ser humano supone una experiencia corporal y anímica única para cada persona, no hay nadie igual a otro. Jean Shinoda Bolen.

749. Cada uno de nosotros posee su propia historia, que és única, y la realización de esta historia entrará en relación directa con

el hecho de si hemos elegido el sendero con el corazón. Jean Shinoda Bolen.

750. Cuando una flor se desarrolla, lo hace porque busca Su Verdad, impulsada por ella. Joan Miquel Viadé Freixes.

751. La Verdad se convierte en nuestro camino y en nuestra meta. Joan Miquel Viadé Freixes.

752. Lo que inspira y empuja a crecer a una flor es manifestar su Verdad máxima, por ejemplo: «yo soy una rosa». Ninguna otra cosa o circunstancia mueve, guía u orienta a la flor para Ser, sólo la búsqueda de la manifestación de su Verdad. Joan Miquel Viadé Freixes.

753. Somos libres de escoger nuestras acciones basadas en nuestro conocimiento de los principios correctos. Stephen Covey.

754. No somos libres de escoger las consecuencias de nuestras acciones. Stephen Covey.

755. Al agarrar una punta del palo, también estás agarrando la otra punta. Stephen Covey.

756. El caos a menudo engendra Vida, cuando el orden engendra Hábito. Anónimo.

757. Quizás nos sentiríamos más a gusto con el concepto de autoestima si supiéramos que no se trata de una idea nueva, sino una noción tan antigüa y universal como la propia humanidad. Gloria Steinem.

758. El concepto de autoestima está lejos de ser un producto, de una egoísta "generación del yo" y sus raices se remontan mucho más allá del individualismo moderno. Gloria Steinem.

759. Tu pasado no puede hacerte volver atrás, tu ego ya no tiene control, tus emociones dejan de tirar de ti. Alcanzar la libertad no es la meta, sino el punto de partida. Deepak Chopra.

760. No hay que subestimar la importancia vital de encontrar pronto el trabajo al que amas dedicarte. Ken Robinson.

761. Creía que en cada persona existe una inteligencia, una conciencia invisible que nos da vida, apoyándonos, manteniéndonos, protegiéndonos y curándonos a cada momento. Joe Dispenza.

762. Nuestra recompensa se encuentra en el esfuerzo y no en el re-

sultado. Un esfuerzo total es una victoria completa. Mahatma Gandhi.

763. El poder está siempre en el momento presente. Este momento es el único que existe. Louise L. Hay.

764. La idea de una autoridad personal interna resulta inquietante para las personas habituadas a recibir órdenes, y sin duda también para quienes suelen dar esas órdenes. Gloria Steinem.

765. Si centramos nuestras vidas en principios eternos, inmutables, creamos un paradigma fundamental de vida efectiva. Es el centro que pone a todos los demás centros en perspectiva. Stephen Covey.

766. Ya no creo en las verdades industriales que se venden. Se fabrican a destajo por cerebros bien pensantes que entretienen mojigatos y aburren hasta las piedras. Nos recuerdan que no somos más que aquello que nombramos. Olga Domínguez.

767. Cuando te sientas como obligado a inquietarte por las cosas que suceden alrededor, retorna rápido a ti mismo y no te apartes del ritmo más de lo que sea necesario. Marco Aurelio.

768. Serás más dueño de la armonía cuanto más a menudo retornes a ella. Marco Aurelio.

769. Hacia el norte, hacia el sur... ¡¡qué importa!!... quien ha llegado a sí mismo ha llegado a todas partes. E.J. Malinowski.

770. El futuro tortura y el pasado encadena. No dejes que se te escape el presente. Flaubert.

771. Es esencial que las parejas aprendan a tener conversaciones que nunca pensaron que pudieran tener: sobre lo que les está pasando realmente en su interior. John Welwood.

772. El que adelante no mira, atrás se queda. Refrán.

773. Tú también puedes encontrar tu verdadera inspiración en la obra de otros, como Matt Groening, creador de Los Simpsons, que la encontró en la obra de otros artistas cuyos dibujos no tenían mucha calidad técnica pero que sabían combinar su estilo personal con una narración ingeniosa. Ken Robinson.

774. Te invito a que no veas la vida como una tortura, sino como una fuente de inspiración. Laura Day.

775. Esteban Gaviota, tienes la libertad de ser tú mismo, tu verdadero ser, aquí y ahora, y no hay nada que te lo pueda impedir. Es la Ley de la Gran Gaviota, la Ley que Es.
—¿Estas diciendo que puedo volar?
—Digo que eres libre.
Richard Bach.

776. ¿Te acuerdas de lo que decíamos acerca de que el cuerpo de uno no es más que el pensamiento puro?. Richard Bach.

777. Un día se presentó a una autoridad de su tiempo un hombre con un martillo en la mano.«Con este instrumento quiero hacer obras de arte —dijo—, obras de arte que todo el mundo vendrá a ver.» Lo pusieron gentilmente en la calle. Era Miguel Angel. Bruno Munari.

778. El Círculo es un estado del ser lleno de energía que nos permite conectar con nosotros mismos, los unos con los otros y también con las energías en contínua transformación del universo. Laura Day.

779. Algunos necesitamos recibir una llamada de atención para despertar. Joe Dispenza.

780. No importa cuan grande sea la roca de las adversidades, si en su interior contiene una pepita de oro, los cinceles del tiempo la descubre. E.J. Malinowski.

781. Sé que mis pensamientos son los responsables de mis condiciones laborales, de modo que elijo conscientemente mis pensamientos, para que sean positivos y me apoyen. Louise L. Hay.

782. Ni la sociedad, ni la iglesia,,, Lo que nadie parece recordar es lo de ámate a ti mismo y, sin embargo, es eso precisamente lo que vas a tener que aprender para lograr tu felicidad en el momento presente. Wayne Dyer.

783. El poder de un solo deseo puede cambiar tu vida. Laura Day.

784. Somos libres de ir a donde queramos y de ser también. Richard Bac.

785. Todo empezó a zumbar, a oírse lejano, mi sombra salió entonces para decirme dulcemente: "tu vida está en juego ahora, se irá en unos minutos, veremos como te portas". Mario Ortí.

786. Cada segundo que vivimos es un momento nuevo y único del

Universo, un momento que jamás volverá. Pau Casals.

787. Que no sea otro quien puede ser dueño de si mismo. Teofrasto Paracelso.

788. ¡Ay! -pensé-. ¡Cuántas veces el genio así duerme en el fondo del alma, y una voz, como Lázaro, espera que le diga: «Levántate y anda!». Gustavo Adolfo Bécquer.

789. La forma en que empezamos cada día marca la tónica de las experiencias que tendremos y cómo reaccionanermos a ellas. Louise L. Hay.

790. El corazón sincero no teme la prueba del fuego. Refrán chino.

791. El encuentro con nuestra propia sombra es indefectible (no puede dejar de suceder). Laura Gutman.

792. Las situaciones difíciles se hacen más difíciles si se excluyen los pequeños pasos que pueden ayudar. Hugh Prather.

793. Éstos no son los androides que buscáis. George Lucas.

794. Gillian no era una niña problemática. No necesitaba acudir a ninguna escuela especial. Solo necesitaba ser quien era realmente, una de las coreógrafas de mayor éxito mundial. Y muchos casos como los de ella ocurren. Ken Robinson.

795. Maneja tus pensamientos como si fuesen una película que puedes editar. Puedes verte realizar todas tus tareas con tranquilidad. Arthur Rowshan.

796. Lo más difícil en la vida es aprender a hacer lo que es estrictamente ventajoso para el bienestar de uno mismo, estrictamente vital. Henry Miller.

797. ¿Qué es lo que enseñamos a nuestros hijos?. Pues, les enseñamos que dos y dos son cuatro, que París es la capital de Francia. ¿Cuantos les enseñaremos, además, lo que son?. Pau Casals.

798. El arquitecto es el hombre sintético, el que es capaz de ver las cosas en conjunto antes de que estén hechas. Antonio Gaudí.

799. En la oscuridad tienes, o miedo, o la oportunidad de encender la luz. Joan Miquel Viadé Freixes.

800. La capacidad de afirmarse a sí mismo se traduce en tener estima de sí, valorarse, respetarse y tener orgullo de sí. Gershen Kaufman.

801. Miren fijo en un espejo, dense cuenta de que nuestro reflejo es la primera frase de una historia. Shane Koyczan.
802. El momento presente tiene la clave de la liberación. Pero usted no puede encontrar el momento presente mientras sea su mente. Eckhart Tolle.
803. El objetivo de la vida es vivir, y vivir significa ser conscientes, gozosamente, borrachamente, serenamente, divinamente conscientes. Henry Mille.
804. Cuando conocemos a alguien y nos enamoramos, tenemos la impresión de que todo el universo está de acuerdo. Paulo Coelho.
805. Existe un lugar que va más allá de las palabras. Paulo Coelho.
806. Alcanzar la Gran Obra no es tarea de unos pocos, sino de todos los seres humanos en la faz de la tierra. Paulo Coelho.
807. El amor no está en el otro, está dentro de nosotros mismos; nosotros lo despertamos. Pero para que despierte necesitamos del otro. Paulo Coelho.
808. El amor más grande es aquél que puede mostrar su fragilidad. Paulo Coelho.
809. ¿Cómo entra la luz en una casa?: Si las ventanas están abiertas. ¿Cómo entra la luz en una persona?: Si la puerta del amor está abierta. Paulo Coelho.
810. Buscamos nuestro infierno, llevamos milenios construyéndolo, y después de mucho esfuerzo, ahora podemos vivir de la peor manera posible. Paulo Coelho.
811. Nadie pierde a nadie, porque nadie posee a nadie. Esa es la verdadera experiencia de la libertad: tener lo más importante del mundo, sin poseerlo. Paulo Coelho.
812. Volví a sentir unas inmensas ganas de vivir cuando descubrí que el sentido de mi vida era el que yo le quisiera dar. Paulo Coelho.
813. Sólo aceptamos una verdad cuando primero la negamos desde el fondo del alma. Paulo Coelho.
814. ¿Cuántas cosas perdemos por miedo a perder?. Paulo Coelho.
815. Ciertas cosas son tan importantes que necesitan ser descubiertas solas. Paulo Coelho.

816. Es más importante vivir plenamente, y dejar que sea el propio tiempo el que se encargue de revelarnos los secretos de nuestra experiencia. Paulo Coelho.
817. Dios siempre me dió una segunda oportunidad en la vida. Paulo Coelho.
818. A los hombres no les gusta intentar hacer algo que no hagan muy bien. Andrés Neuman.
819. La conciencia de la prosperidad hay que formarla. Primero negando viejas ideas de carestía, de restricción, de dependencia de canales fijos. Conny Méndez.
820. La idea de que algo es caro proviene del estado de nuestra bolsa. El objeto no es que sea caro, sino que la conciencia es pobre. Conny Méndez.
821. Aquéllo que seas, sélo total y totalmente, no hoy una cosa y mañana otra, a trompicones. Henrik Johan Ibsen.
822. Vive con los hombres como si Dios te estuviera viendo, habla con Dios como si los hombres te estuvieran escuchando. Lucio Anneo Séneca.
823. Es imposible convertirse en otro. Nuestra única esperanza estriba en ser nosotros mismos con más plenitud. Jon Kabat-Zinn.
824. Ocúpate de lo que puedas mejorar en ti y no te pre-ocupes por lo que otros hagan o parezcan ser. Enrique Barrios.
825. El infierno de los vivos no es algo que será; hay uno, es aquél que existe ya aquí, el infierno que habitamos todos los días (al no encontrarte a ti mismo), que formamos estando juntos. Italo Calvino.
826. Gaviota que ve lejos, vuela alto. Richard Bach.
827. No hay ningún problema insoluble. Carl Jung.
828. Un hombre puede sobrepasar un problema que hace zozobrar a otro por completo. La diferencia es el nivel de conciencia. Carl Jung.
829. Siempre parece imposible hasta que se hace. Nelson Mandela.
830. Podemos alzarnos sobre nuestra ignorancia, podemos descubrirnos como criaturas de perfección, inteligencia y habilidad. ¡¡¡Podemos ser libres, podemos aprender a volar!!! Richard Bach.

831. En cuanto comiences a confiar en tu yo interior, nada podrá detenerte. George Lucas.
832. El hombre debería observar, más que el esplendor del firmamento de bardos y sabios, el rayo de luz que atraviesa su alma desde dentro. Ralph Waldo Emerson.
833. Sólo hay una razón para hacer algo: que eso sea una afirmación ante el Universo de Quienes Sóis. Neale Donald Walsch.
834. Esta costumbre de categorizar y juzgar nuestra experiencia nos lleva a reacciones mecánicas de las que ni siquiera nos damos cuenta y que, a menudo, carecen totalmente de base objetiva. Jon Kabat-Zinn
835. Cuando realmente sientes y estás resuelto a hacer algo, liberas el poder que hace la cosa. Trata de darte cuenta del Poder Ilimitado a tu servicio. Saint Germain.
836. Después de escalar una montaña muy alta, descubrimos que hay muchas más por escalar. Nelson Mandela.
837. Cada uno de nosotros debe decidir qué considera bueno o correcto, pues ésa será la garantía de un viaje positivo. Marlo Morgan.
838. Mi poder superior es la confianza en mi interior que elimina mi temor. Al-Anon Family Gr.
839. Los mejores libros son aquellos que quienes los leen creen que también ellos pudieron haberlos escrito. Blaise Pascal.
840. Lanza tu corazón delante de ti y corre para atraparlo. Proverbio árabe.
841. No estoy tan enamorado de mis propias opiniones que ignoré lo que los demás puedan pensar acerca de ellas. Nicolás Copérnico.
842. Tenemos que rechazar todo lo que nos limite. Richard Bach.
843. La felicidad es esquiva a la mayoría de las personas, más si cabe a aquellas que no trabajan para lograr su armonía interior. Raúl de la Rosa.
844. Si tu intención es decir la verdad, hazlo con sencillez y la elegancia déjasela al sastre. Albert Einstein.
845. Los comportamientos, creencias y actitudes que observamos en nuestros padres se graban en nuestro cerebro y controlan

nuestra biología el resto de la vida, a menos que aprendamos a volver a programarla. Bruce Lipton

846. Sólo cuando la mente se encuentra abierta y receptiva puede producirse el aprendizaje, la visión y el cambio. Jon Kabat-Zinn.
847. Sabed que somos energía y que la energía tiene dos frecuencias: la vibración de lo positivo y de lo negativo. Somos creadores, y dependiendo de la frecuencia en la que nos entrenemos, eso crearemos. Mayar Mora Alberola.
848. Todos estamos inmersos en una red de coincidencias que nos inspira y nos ayuda a dar rumbo a nuestras vidas. Deepak Chopra.
849. Todo logro permanente debe ser el resultado del esfuerzo consciente de cada individuo. Saint Germain.
850. La libertad no es un fin, es un medio para desarrollar nuestras fuerzas. Giuseppe Mazzini.
851. Sólo hay dos maneras de vivir tu vida. Una es como si nada fuera un milagro. La otra es como si todo fuera un milagro. Albert Einstein.
852. La teoría es asesinada tarde o temprano por la experiencia. Albert Einstein.
853. La debilidad de actitud se vuelve debilidad de carácter. Albert Einstein.
854. El problema del hombre no está en la bomba atómica, sino en su corazón. Albert Einstein.
855. Dios no juega a los dados. Albert Einstein.
856. La belleza no mira, solo es mirada. Albert Einstein.
857. La vida es muy peligrosa. No por las personas que hacen el mal, sino por las que se sientan a ver lo que pasa. Albert Einstein.
858. El mundo no está en peligro por las malas personas sino por aquellas que permiten la maldad. Albert Einstein.
859. No puedes esperar resultados diferentes haciendo las mismas cosas. Albert Einstein.
860. Nunca pienso en el futuro. Llega enseguida. Albert Einstein.
861. Vivimos en el mundo cuando amamos. Sólo una vida vivida para los demás merece la pena ser vivida. Albert Einstein.

862. Si cambias la forma en que miras las cosas, las cosas que miras cambian. Wayne Dyer.
863. Ve a por el ahora. El futuro no esta prometido a nadie. Wayne Dyer.
864. Cuando juzgas a otros, no los defines, te defines a ti mismo. Wayne Dyer.
865. Máxima para la vida: te trataran en la vida en la forma en que enseñas la gente a tratarte. Wayne Dyer.
866. Nuestras vidas son una suma total de las opciones que hemos tomado. Wayne Dyer.
867. Practica ser el tipo de persona que te gustaría atraer. Wayne Dyer.
868. Nuestra intención crea nuestra realidad. Wayne Dyer.
869. No puedes controlar siempre lo que ocurre en el exterior, pero siempre puedes controlar lo que ocurre en el interior. Wayne Dyer.
870. No tiene sentido preocuparse por cosas sobre las que no tienes control porque no hay nada que puedas hacer y por qué preocuparse sobre cosas que no puedes controlar. La preocupación te mantiene inmovilizado. Wayne Dyer.
871. Se desgraciado. O motívate a ti mismo. Hagas lo que hagas, es tu opción. Wayne Dyer.
872. Soy realista, espero milagros. Wayne Dyer.
873. Puedes conseguir cualquier cosa que realmente quieras, si realmente la persigues. Wayne Dyer.
874. Comienza a verte a ti mismo como un alma con un cuerpo en lugar de un cuerpo con un alma. Wayne Dyer.
875. No puedes estar solo si te gusta la persona con la que estas a solas. Wayne Dyer.
876. No hay estrés en el mundo, solo gente pensando pensamientos estresantes. Wayne Dyer.
877. Lo verás cuando lo creas. Wayne Dyer.
878. Estás condenado a tomar decisiones. Esa es la mayor paradoja de la vida. Wayne Dyer.
879. No puedes fracasar, solo puedes producir resultados. Wayne Dyer.

880. El antídoto para el miedo es la fe. Wayne Dyer.
881. Prefiero ser odiado por lo que soy que amado por lo que no soy. Wayne Dyer.
882. Si crees que funcionará, verás oportunidades. Si crees que no lo hará, verás obstáculos. Wayne Dyer.
883. Si tu estancia en la tierra es tan corta, debería ser por lo menos agradable. En pocas palabras, se trata de tu vida; haz con ella lo que tú quieres. Wayne Dyer.
884. La propia estima no puede ser verificada por los demás. Tú vales porque tú dices que es así. Si dependes de los demás para valorarte, esta valorización estará hecha por los demás. Wayne Dyer.
885. La necesidad de aprobación de los demás equivale a decir: "Lo que tú piensas de mi es más importante que la opinión que tengo de mi mismo. Wayne Dyer.
886. Sólo los fantasmas se revuelcan en el pasado, explicándose a si mismos con descripciones basadas en sus vidas ya pasadas. Tú eres lo que eliges ser hoy en día, no lo que antes elegiste ser. Wayne Dyer.
887. Si crees que sentirte mal o preocuparte lo suficiente cambiará un hecho pasado o futuro, quiere decir que resides en otro planeta con un diferente sistema de realidad. Wayne Dyer.
888. No hay reglas ni leyes ni tradiciones que se puedan aplicar universalmente... incluyendo ésta. Wayne Dyer.
889. Si el mundo estuviera tan organizado que todo tuviera que ser justo, no habría criatura viviente que pudiera sobrevivir ni un solo día. A los pájaros se les prohibiría comer gusanos y habría que atender a los intereses personales de todos los seres humanos. Wayne Dyer.
890. No hay escasez de oportunidades para ganarte la vida en lo que amas; solo hay escasez de voluntad. Wayne Dyer.
891. Tienes todo lo que necesitas para una completa paz y felicidad ahora mismo. Wayne Dyer.
892. No hay camino a la prosperidad, la prosperidad es el camino. Wayne Dyer.

893. Solo los inseguros luchan por la seguridad. Wayne Dyer.
894. La gente exitosa gana dinero. No es que la gente que gana dinero se vuelve exitosa, sino que la gente exitosa atrae el dinero. Llevan el éxito a lo que hacen. Wayne Dyer.
895. La transformación significa literalmente ir más allá de tu forma. Wayne Dyer.
896. El estado de tu vida no es más que un reflejo del estado de tu mente. Wayne Dyer.
897. El significado de la vida es conseguir un significado para la vida. Wayne Dyer.
898. No mueras con la música aún en ti. Wayne Dyer.
899. Deja de actuar como si la vida fuera un ensayo. Vive este día como su fuera tu último. El pasado ha terminado y se ha ido. El futuro no esta garantizado. Wayne Dyer.
900. La forma más alta de ignorancia es cuando rechazas algo de lo que no sabes nada. Wayne Dyer.
901. La catástrofe que tanto te preocupa a menudo resulta ser menos horrible en la realidad de lo que fue en tu imaginación. Wayne Dyer.
902. El mayor don que jamás se te ha dado es el don de tu imaginación. Wayne Dyer.
903. Es imposible estar cabreado y reírse al mismo tiempo. El odio y la culpa son mutuamente excluyentes y tienes el poder de elegir. Wayne Dyer.
904. Cómo te trata la gente es su karma; cómo reaccionas es el tuyo. Wayne Dyer.
905. Los juicios nos impiden ver lo bueno que hay tras las apariencias. Wayne Dyer.
906. Nadie sabe lo suficiente para ser un pesimista. Wayne Dyer.
907. Debes convertirte en el productor, director y actor en la historia del desarrollo de tu vida. Wayne Dyer.
908. Sólo hay dos emociones básicas: una es el miedo, la otra es el amor. Wayne Dyer.
909. Tus hijos te conocen más por la manera en que vives que por lo que dices. Wayne Dyer.

910. Los componente de la ansiedad, estrés, miedo y odio no existen independientemente de ti en el mundo. Simplemente no existen en el mundo físico, incluso si hablamos de ellos como si lo hicieran. Wayne Dyer.
911. El conflicto no puede sobrevivir sin participación. Wayne Dyer.
912. Cuando dejas de tomar decisiones, entras en el vasto mundo de las excusas. Wayne Dyer.
913. No puedes crecer y desarrollarte si sabes las respuestas antes que las preguntas. Wayne Dyer.
914. Hacer lo que amas es la piedra angular de la abundancia en tu vida. Wayne Dyer.
915. No siempre puedo controlar lo que ocurre en el exterior, pero puedo controlar lo que ocurre en el interior. Wayne Dyer.
916. No dejes que los planes que tienes para ti sean más importantes que tú mismo. Wayne Dyer.
917. Eres lo que eliges ser hoy. No lo que has escogido ser antes. Wayne Dyer.
918. Valora el momento presente. Aférrate a cada momento de tu vida y saboréalo. Wayne Dyer.
919. No somos seres humanos en búsqueda de una experiencia espiritual. Somos seres espirituales inmersos en una experiencia humana. Wayne Dyer.
920. Todo es perfecto en el universo, incluso tu deseo por mejorarlo. Wayne Dyer.
921. Tú eres quien determina lo que vales sin necesidad de dar explicaciones a nadie. Wayne Dyer.
922. Mi meta no es ser mejor que alguien, sino ser mejor de lo que solía ser. Wayne Dyer.
923. Cuando tengas la opción entre ser correcto y ser amable, elige ser amable. Wayne Dyer.
924. Tener conciencia de la rutina es dar el primer paso para cambiarla. Wayne Dyer.
925. Vive el día a día haciendo hincapié en la ética en lugar de en las reglas. Wayne Dyer.
926. Cuando estás inspirado, nunca te preguntas acerca de tu pro-

pósito. Lo estás viviendo. Wayne Dyer.

927. La magia real en las relaciones significa una ausencia de juicio de otros. Wayne Dyer.
928. El amor es cooperación en lugar de competición. Wayne Dyer.
929. Cuando perseguía el dinero, nunca tenía suficiente. Wayne Dyer.
930. Cuando tuve un propósito en la vida y me centraba en dar de mi mismo y de todo lo que llegaba a mi vida, entonces era próspero. Wayne Dyer.
931. La libertad significa que no tienes obstáculos para vivir tu vida como eliges. Cualquier otra cosa es una forma de esclavitud. Wayne Dyer.
932. Cuando bailas, tu propósito no es llegar a cierto lugar del cielo. Es disfrutar cada paso en el camino. Wayne Dyer.
933. No hay nada malo con la ira siempre que se utilice de forma constructiva. Wayne Dyer.
934. La abundancia no es algo que adquirimos. Es algo con lo que sintonizamos. Wayne Dyer.
935. Una mente pacífica, una mente centrada y no focalizada en dañar a otros, es más fuerte que cualquier fuerza física del universo. Wayne Dyer.
936. Si eres feliz, si vives cada momento, aprovechando al máximo sus posibilidades, entonces eres una persona inteligente. Wayne Dyer.
937. Recuerda que no puedes fallar en ser tú mismo. Wayne Dyer.
938. Los sentimientos no son simples emociones que te suceden. Los sentimientos son reacciones que eliges tener. Wayne Dyer.
939. Una persona inteligente debería ser descrita como feliz y efectiva en el día a día, que sabe solucionar problemas, crea recursos, es autónoma, independiente y supera las adversidades. Wayne Dyer.
940. Tú eres el responsable de lo que piensas y lo que sientes y puedes aprender a pensar de forma diferente respecto a cualquier cosa. Wayne Dyer.
941. De ti y de las elecciones que hagas depende que las experiencias de tu vida sean estimulantes y agradables. Wayne Dyer.

942. En la sociedad esta bien visto tratar bien a los demás y amarlos, sin embargo se olvida de que para alcanzar la felicidad es fundamental quererse a sí mismo y valorarse. Wayne Dyer.
943. Todo empieza amándose a sí mismo. De esa forma podrás amar a los demás y hacer cosas por ellas por el mero placer de ser generoso y sin esperar nada a cambio. Wayne Dyer.
944. ¿Has pensado en el valor que tendría dar algo desde una persona que no vale nada?. ¿Cómo puedes dar amor si no vales nada?.¿Qué valor tendría tu amor? Wayne Dyer.
945. Tú mismo eliges el valor que tienes y no tienes que preguntar o dar explicaciones a nadie. Wayne Dyer.
946. Tu propio valor es un hecho que no esta relacionado ni con tu comportamiento ni con tus sentimientos. Wayne Dyer.
947. Puedes escoger ser valioso para siempre; no importa que en un momento hayas hecho algo de lo que te sientas arrepentido. Wayne Dyer.
948. Puede que desees la aprobación de los demás, ya que es natural sentirse feliz con el apoyo y aceptación de los demás. Pero necesitarla, es una de las zonas erróneas más negativas. Wayne Dyer.
949. Cambia el "Yo soy" por "He escogido ser" para ser producto de tus elecciones. Wayne Dyer.
950. Dos de las emociones más inútiles de toda la vida son la culpabilidad por lo hecho y la preocupación por lo que pasará. Wayne Dyer.
951. Con la culpabilidad desperdicias tus momentos presentes y con la preocupación te mantienes inmovilizado. Wayne Dyer.
952. Mientras seas un humano y vivas en este mundo, nunca podrás tener seguridad. Y si fuera así, sería muy muy aburrido. Wayne Dyer.
953. Lo seguro elimina la excitación y la emoción. Wayne Dyer.
954. Si crees en ti, puedes explorar las zonas de la vida que no te ofrecen nada seguro y evitar seguir el camino que todos los demás caminan. Wayne Dyer.
955. Toda nuestra vida esta plagada de los "debes hacer esto" y la gente los aplica sin pensar en el por qué y en sus consecuencias. La suma de todos esos "debes" son otra zona errónea. Wayne Dyer.

956. Exigir justicia no es un comportamiento negativo aunque se convierte en zona errónea si te castigas a ti mismo al no poder tener la justicia que quieres. Wayne Dyer.
957. No es necesario derramar una sola gota de sudor para postergar hacer cualquier cosa. Wayne Dyer.
958. Lo que haces es el único medidor para medirte como persona, no lo que dices o lo que dicen de ti. Wayne Dyer.
959. En cualquier relación humana en la cual dos personas se convierten en una, el resultado siempre será dos medias personas. Wayne Dyer.
960. Si disfrutas de la manera en la que interactúas con las personas y estas no interfieren con los objetivos que te has puesto en la vida, no necesitas cambiar esa forma de iteractuar. Wayne Dyer.
961. Es la obligación la que constituye el problema: la obligación produce culpa y dependencia, mientras que la libre elección produce amor e independencia. Wayne Dyer.
962. Ser independiente significa estar libre de las relaciones obligatorias, ausencia de comportamiento dirigido a los demás, no necesitar a alguien para ser feliz (distinto a desear relaciones con los demás) o tomar decisiones. Wayne Dyer.
963. El único antídoto para la ira es la eliminación de la frase interna "Si sólo fueras más parecido a mi". Wayne Dyer.
964. No hay por qué sentir la ira, no es algo "humano" como se suele justificar y, de hecho, es una zona errónea que incapacita psicológicamente. Wayne Dyer.
965. Un buen remedio para la ira es ayudarte a ti mismo y a los demás a elegir la risa y aprender a observar desde fuera las situaciones tan incongruentes y absurdas que ocurren en la vida. Wayne Dyer.
966. Tienes capacidad de elegir: la rabia y la risa se excluyen mutuamente y tú tienes el poder suficiente como para escoger cualesquiera de las dos. Wayne Dyer.
967. El postergar en si no es neurótico, sino la reacción emocional que lo acompaña y la inmovilización que produce. Wayne Dyer.

968. Puedes escoger ser feliz o desgraciado pero ello no esta relacionado con la injusticia que veas a tu alrededor. Wayne Dyer.
969. Adopta la decisión personal de enamorarte de la persona más hermosa, incitante y digna...¡¡¡tú!!!. Wayne W. Dyer.
970. La autoestima procede de uno mismo, no de las adquisiciones y la aceptación Wayne Dyer.
971. Vale la pena luchar por lo que vale la pena tener. Anónimo.
972. Puede que tú no me conozcas, pero yo sé todo acerca de ti... (Biblia, Salmo 139:1).
973. Yo sé cuando te sientas y cuando te levantas... (Biblia, Salmo 139-2).
974. Todos tus caminos me son conocidos... (Biblia, Salmo 139-1).
975. Conozco cuántos cabellos hay en tu cabeza... (Biblia, Mateo 10:30).
976. Pues fuiste hecho a Mi imagen... (Biblia, Génesis 1:27).
977. Te conocí desde antes que fueses concebido (Biblia, Jeremías 1:4.5).
978. Te escogí cuando planifiqué la creación... (Biblia, Efesios: 1.11).
979. Tú no fuiste un error, todos tus días están escritos en mi libro... (Biblia, Salmo 139:1).
980. Fuiste hecho, maravillosamente... (Biblia, Salmo 139:1).
981. Yo te formé en el vientre de tu madre... (Biblia, Salmo 139:13).
982. Yo te saqué de las entrañas de tu madre el día en que naciste... (Biblia, Salmo 71:6).
983. He sido mal presentado por los que no me conocen... (Biblia, Juan 8:41-44).
984. Yo no estoy lejos ni enfadado; soy la completa expresión del amor, manifestado en mi Hijo, Jesús... (Biblia, 1 Juan 4:9).
985. Es mi deseo amarte, simplemente porque fuiste creado para ser mi hijo y Yo tu Padre (Biblia 1 Juan 3:1).
986. Yo te ofrezco más de lo que tus padres te han dado o te darían jamás (Biblia, Mateo 7:11).
987. Porque Yo soy el Padre perfecto (Biblia, Mateo 5:48).
988. Toda buena dábida que recibes, procede de Mi (Biblia, Santiago 1:17).

989. Yo soy tu proveedor y suplo todas tus necesidades... (Biblia, Mateo 6:31-33).
990. Mi plan para tu futuro está lleno de esperanza... (Biblia, Jeremías 29:11).
991. Porque te amo con amor eterno... (Biblia, Jeremías 31:3).
992. Mis pensamientos hacia ti son incontables como la arena del mar (Biblia, Salmo 1, 39:17).
993. Yo estoy en medio y te salvaré; me gozaré sobre ti con alegría (Biblia, Sof. 3:17).
994. Nunca dejaré de hacerte bien... (Biblia, Jeremías 32:40).
995. Si oyes mi palabra y la guardas, serás mi especial tesoro... (Biblia, Éxodo 19:5).
996. Deseo plantarte con todo mi corazón y con toda mi alma (Biblia, Jeremías 32:41).
997. Deseo mostrarte cosas grandes y maravillosas (Biblia, Jeremías 33:33).
998. Si me buscas con todo el corazón me encontrarás (Biblia, Deuteronomio 4:29).
999. Deléitate en mi y Yo te concederé los deseos de tu corazón... (Biblia, Salmos 37:4).
1000. Porque Yo soy el que pongo en ti el querer como el hacer... (Biblia, Filipenses 2:13).
1001. Yo soy tu gran consolador (Biblia, 2 Tesalonicenses 2:16-17).
1002. Yo soy el Padre que te consuela en todas tus tribulaciones (Biblia, Salmos 46:1).
1003. Pon tus preocupaciones en Mis manos pues yo tengo cuidado de ti (Biblia, 1 Pedro 5,7).
1004. Yo estoy cerca de ti cuando tu corazón está quebrantado... (Biblia, Salmos 34:18).
1005. Como el pastor carga a sus ovejas, Yo te he llevado cerca de mi corazón (Biblia, Is. 40:11).
1006. Un día quitaré toda lágrima de tus ojos y todo el dolor que has sufrido en la tierra... (Biblia, Apoc. 21:4).
1007. Yo te amo tanto que envié a mi Hijo, Jesús, para que tengas vida eterna... (Biblia, Jn. 3:16).

1008. Él (Jesús) es la representación exacta de mi Ser. Él vino a demostrarte que Yo estoy por ti, no contra ti... (Biblia, Romanos 8:31); y para decirte que no me acordaré más de tus pecados (Biblia, Hebreos 10:17).
1009. Y si Yo estoy contigo, ¿quién contra ti?. Tú y Yo somos mayoría (Biblia, Romanos 8:13).
1010. Ningún arma forjada en tu contra prosperará (Biblia, Isaías 54:17).
1011. Yo peleo tus batallas por ti (Biblia, 2 Crónicas 32:8). Porque Yo voy por delante de ti (Biblia, Deuteronomio 1:30).
1012. No necesitas pelear en esta batalla,; estate quieto, y ve la salvación (Biblia, Deuteronomio 3:22).
1013. Jesús murió para que tú te reconciliaras conmigo (Biblia, Romanos 5:1). Su muerte fue la máxima expresión de mi amor por ti (Biblia, 1 Juan 4:10).
1014. Yo lo di todo por ganar tu amor (Biblia, Romanos 8:32).
1015. Ven a casa y celebraré la fiesta más grande que el cielo haya visto jamás... (Biblia, Lucas 15:7).
1016. Yo siempre he sido y seré Padre (Biblia, Mateo 6:9).
1017. Mi pregunta para ti es... ¿Quieres ser mi hijo? (Biblia, Juan 1:12-13).
1018. Estoy con los brazos abiertos esperando por ti... (Biblia, Lucas 15:20).
1019. Somos Bendecidos para Bendecir (Biblia, Hebreos 6:14).
1020. Desde hoy, solo el bien entra y solo el bien se queda. Anónimo.
1021. En lo que crees te conviertes. Anónimo.
1022. No mires atrás, ya no vas por ese camino. Anónimo.
1023. Se recomienda usar el pasado como trampolín, no como sofá. Anónimo.
1024. Tenemos dos vidas: la segunda comienza cuando nos damos cuenta que solo tenemos una. Confucio.
1025. Quédate con quien te bese el alma. La piel te la besa cualquiera. Anónimo.
1026. Nunca vivimos dos días iguales. Paulo Coelho.
1027. La vida es corta, besa despacio, ríe bien alto, ama intensamente y perdona rápido. Anónimo.

1028. No pierdas tu tiempo explicando; la gente solo escucha lo que quiere oir. Paulo Coelho.
1029. No permitas que tus heridas se transformen en alguien que no eres. Paulo Coelho.
1030. Soñar con el éxito es bueno, pero realizarlo es mejor. Anónimo.
1031. Éxito sin realización personal es un fracaso. Laín García Calvo.
1032. Yo me merezco todo lo bueno, no algo, un poquito, sino todo lo bueno. Louisse Hay.
1033. Ahora disuelvo cualquier pensamiento negativo o restrictivo. Louisse Hay.
1034. Me libero y disuelvo todas las limitaciones del pasado. Louisse Hay.
1035. No me ata ningún miedo ni limitación de la sociedad en la que vivo. Louisse Hay.
1036. Ya no me identifico con ningún tipo de limitación. Louisse Hay.
1037. En mi mente tengo libertad absoluta. Louisse Hay.
1038. Ahora entro a un nuevo espacio en la conciencia, en donde me veo de forma diferente. Louisse Hay.
1039. Estoy creando nuevos pensamientos acerca de mi ser y de mi vida. Louisse Hay.
1040. Mi nueva forma de pensar se convierte en nuevas experiencias. Louisse Hay.
1041. Ahora sé y afirmo que formo una unidad con el Próspero Poder del Universo. Louisse Hay.
1042. Y por lo tanto recibo multitud de bienes. Louisse Hay.
1043. La totalidad de las posibilidades está ante mí. Louisse Hay.
1044. Merezco la vida, una vida buena. Louisse Hay.
1045. Merezco el amor, abundante amor. Louisse Hay.
1046. Merezco la salud. Louisse Hay.
1047. Merezco vivir cómodamente y prosperar. Louisse Hay.
1048. Merezco la alegría y la felicidad. Louisse Hay.
1049. Merezco la libertad, la libertad de ser todo lo que puedo ser. Louisse Hay.
1050. Merezco muchas cosas más que todo eso: merezco todo lo bueno. Louisse Hay.

1051. El Universo está más que dispuesto a manifestar mis nuevas creencias y yo acepto la abundancia de esta vida con alegría, placer y gratitud. Louisse Hay.

1052. Porque me lo merezco, lo acepto y sé que es verdad. Anónimo.